I'm learning French!

French exercises with detailed answers

(A2, B1 – Pre-Intermediate)

by Frédéric Lippold

TABLE OF CONTENTS

FOREWORD

Our book is aimed at **advance beginners**, adults or teenagers, who already have a basic knowledge of the French language.

We wanted to provide you with **short and rich sequences** at the same time: the exercises are often accompanied by lessons to give you key information.

We also share with you some linguistic details so that you know **how the French really speak**, in everyday life. We try to give you as much as possible the lexicon used daily by Francophones.

In addition, **almost all exercises are corrected**, when possible (which is sometimes difficult for writing exercises). We give you **detailed corrections**, with many examples. This will help you to better understand the work and check if you have written the right answers. Furthermore, we give you different possibilities of answers so that you can enrich your vocabulary.

For practical reasons, we have put the corrections after each exercise, so that you do not have to look at the end of the book and go back and forth unnecessarily.

We hope that this book will be of benefit to you.

Feel free to contact us for any comments or suggestions.

Bon travail !

The author

THEME: *"BACK TO BASICS"*

COMPREHENSION: *"AUXILIARIES: VERBS 'ETRE' AND 'AVOIR'"*

We will now review two fundamental verbs in the French language: *être* and *avoir*.

① **Complete the table by conjugating these two verbs.**

PERSONNE	AVOIR	ÊTRE
1ère personne du singulier	J'	Je
2ème personne du singulier	Tu	Tu
3ème personne du singulier	Il _____ / Elle _____ / On	Il _____ / Elle _____ / On
1ère personne du pluriel	Nous	Nous
2ème personne du pluriel	Vous	Vous
3ème personne du pluriel	Ils _____ / Elles	Ils _____ / Elles

② **Complete the sentences with the correct verb (conjugated or infinitive).**

1) Tu _____ malade ? Tu n' _____ pas l'air très en forme aujourd'hui.

2) Il _____ parti en vacances hier. Je n' _____ même pas eu le temps de lui dire au revoir, c' _____ triste !

3) Nous _____ de la chance d' _____ en vacances !

4) Ils _____ des enfants qui _____ encore petits.

5) Vous _____ une belle maison ! Elle _____ un jardin, non ?

6) Ils _____ un cours de français tout à l'heure, c' _____ une bonne chose.

7) Tu _____ encore en retard ! J'en _____ marre !

8) Mon fils _____ peur d' _____ parmi les derniers de la classe.

9) Il y _____ les clés de la maison sur la table

10) Leur père et leur mère _____ contents quand ils _____ de bonnes notes à l'école.

11) Tu _____ prête pour aller au restaurant ?

12) Ils _____ du mal à _____ un enfant.

ANSWERS: "AUXILIARIES: VERBS 'ETRE' AND 'AVOIR'"

① **Complete the table by conjugating these two verbs.**

PERSONNE	AVOIR	ÊTRE
1ère personne du singulier	J'**ai**	Je **suis**
2ème personne du singulier	Tu **as**	Tu **es**
3ème personne du singulier	Il **a** / Elle **a** / On **a**	Il **est** / Elle **est** / On **est**
1ère personne du pluriel	Nous **avons**	Nous **sommes**
2ème personne du pluriel	Vous **avez**	Vous **êtes**
3ème personne du pluriel	Ils **ont** / Elles **ont**	Ils **sont** / Elles **sont**

② **Complete the sentences with the correct verb (conjugated or infinitive).**

1) Tu **es** malade ? Tu n'**as** pas l'air très en forme aujourd'hui.

2) Il **est** parti en vacances hier. Je n'**ai** même pas eu le temps de lui dire au revoir, c'**est** triste !

3) Nous **avons** de la chance d'**être** en vacances !

4) Ils **ont** des enfants qui **sont** encore petits.

5) Vous **avez** une belle maison ! Elle **a** un jardin, non ?

6) Ils **ont** un cours de français tout à l'heure, c'**est** une bonne chose.

7) Tu **es** encore en retard ! J'en **ai** marre !

8) Mon fils **a** peur d'**être** parmi les derniers de la classe.

9) Il y **a** les clés de la maison sur la table

10) Leur père et leur mère **sont** contents quand ils **ont** de bonnes notes à l'école.

11) Tu **es** prête pour aller au restaurant ?

12) Ils **ont** du mal à **avoir** un enfant.

CROSSWORDS AND EXPRESSION: *"SINGULAR AND PLURAL"* (« *SINGULIER ET PLURIEL* »)

① **Complete the grid by writing the names in the plural form.**

(crossword grid with numbered cells; across entry 7 shows the letters B, O, Î, T, E, S vertically)

Horizontalement

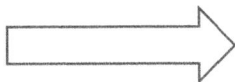

2. un fils, des…
4. un œil, des…
6. un chou, des…
9. un bijou, des…
10. un enfant, des…
12. un cheval, des…
13. un travail, des…
15. un oiseau, des…

Verticalement

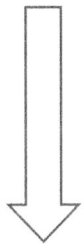

1. un genou, des…
3. une souris, des…
5. un matelas, des…
7. une boîte, des…
8. un journal, des…
11. un cheveu, des…
14. un prix, des…

② Put the following sentences in the plural form.

Mon voisin a un chat ⇨ *Mes voisin**s ont des** chats.*

1) Il a mal au genou. ⇨ Ils _____

2) Mon fils est en vacances. ⇨ _____

3) Il y a une petite souris là-bas. ⇨ _____

4) Tu as mal à l'œil ? ⇨ Vous _____ ?

5) Il va acheter un matelas. ⇨ Ils _____

6) Je mange un chou. ⇨ Nous _____

7) Il achète une boîte. ⇨ Ils _____

8) Tu lis le journal. ⇨ Vous _____

9) Elle porte un bijou. ⇨ Elles _____

10) J'ai un enfant. ⇨ Nous _____

11) Il a perdu un cheveu. ⇨ Ils _____

12) Le cheval est un animal fidèle. ⇨ Les _____

13) J'ai un travail à faire. ⇨ Nous _____

14) Le prix est élevé. ⇨ Les _____

15) L'oiseau vole dans le ciel. ⇨ Les _____

16) Le hibou est un animal nocturne. ⇨ Les _____

17) Ce manteau est très beau ! ⇨ Ces _____

18) Le pou est un parasite. ⇨ Les _____

19) Il y a un clou dans le pneu. ⇨ Il _____

20) Le crayon est cassé. ⇨ Les _____

①

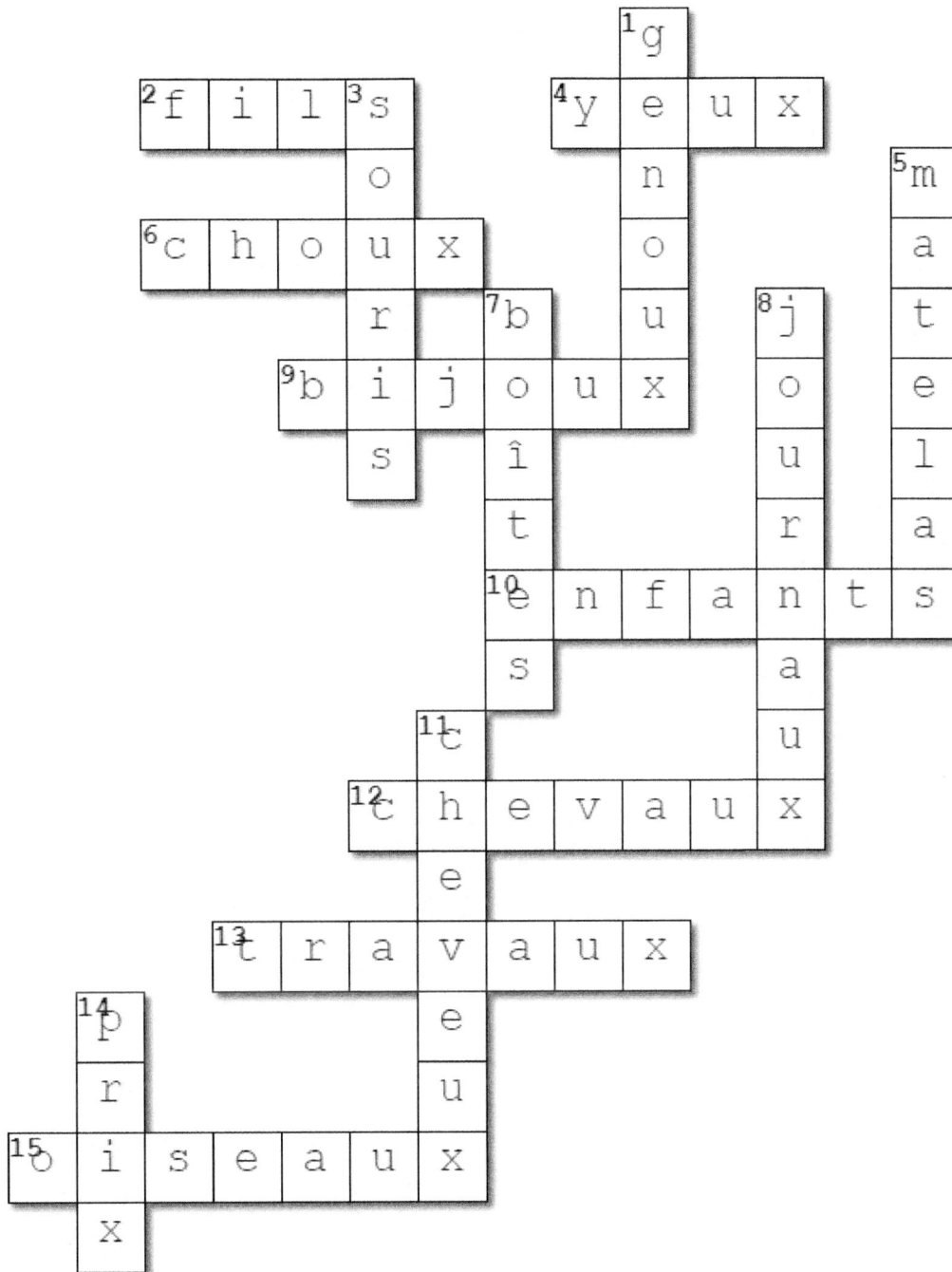

1) Il a mal au genou. ⇨ Il**s ont** mal au**x** genou**x**.

2) Mon fils est en vacances. ⇨ M**es** fils **sont** en vacances.

3) Il y a une petite souris là-bas. ⇨ Il y a **des** petite**s** souris là-bas.

4) Tu as mal à l'œil ? ⇨ Vous **avez** mal **aux yeux** ?

5) Il va acheter un matelas. ⇨ Il**s v**ont acheter **des** matelas.

6) Je mange un chou. ⇨ **Nous** mange**ons des** chou**x**.

7) Il achète une boîte. ⇨ Il**s** achète**nt des** boîte**s**.

8) Tu lis le journal. ⇨ **Vous** lis**ez** les journa**ux**.

9) Elle porte un bijou. ⇨ Elle**s** porte**nt des** bijou**x**.

10) J'ai un enfant. ⇨ **Nous** a**vons des** enfant**s**.

11) Il a perdu un cheveu. ⇨ Il**s ont** perdu **des** cheveu**x**.

12) Le cheval est un animal fidèle. ⇨ Le**s** cheva**ux sont des** anim**aux** fidèle**s**.

13) J'ai un travail à faire. ⇨ **Nous** avons **des** trava**ux** à faire.

14) Le prix est élevé. ⇨ Les prix **sont** élevé**s**.

15) L'oiseau vole dans le ciel. ⇨ Le**s** oiseau**x** vole**nt** dans le ciel / Le**s** oiseau**x** vole**nt** dans le**s** cie**ux**.

16) Le hibou est un animal nocturne. ⇨ Le**s** hibou**x sont des** anim**aux** nocturne**s**.

17) Ce manteau est très beau ! ⇨ Ce**s** manteau**x sont** très beau**x**.

18) Le pou est un parasite. ⇨ Les pou**x sont des** parasite**s**.

19) Il y a un clou dans le pneu. ⇨ Il y a **des** clou**s** dans le**s** pneu**s**.

20) Le crayon est cassé. ⇨ Le**s** crayon**s sont** cassé**s**.

COMPREHENSION: "INTERROGATIVE PRONOUNS"

In French, there are many interrogative pronouns, such as: **qui** (who), **que** (what), **où** (where), **comment** (how – don't pronounce the "t" of "comment"), **quoi** (what), **quand** (when), **combien** (how much / how many), **à qui** (to whom), **pourquoi** (why)... They are used to ask questions.

① **Fill in the gaps with the correct interrogative pronoun.**
*Example: – **Qui** es-tu ? – Je suis Mohammed !*

a. _____ allons-nous ?   – À Paris !

b. _____ dis-tu ?   – Je dis que je n'ai pas faim !

c. _____ ça coûte ?   – Très cher ! Je n'ose pas te le dire… !

d. _____ ça va ?   – Ça peut aller.

e. _____ tu t'appelles ?   – Sylvain, et toi ?

f. _____ fais-tu dans la vie ?   – Je suis manutentionnaire.

g. _____ est-ce ?   – Elle ? C'est Claudia.

h. _____ d'enfants as-tu ?   – J'en ai trois !

i. _____ tu parles ?   – Je parle à ma mère !

j. _____ tu pleures ?   – Parce que je me suis fait très mal.

k. D'_____ viens-tu ?   – De Côte d'Ivoire.

l. De _____ as-tu besoin ?   – D'un peu d'aide !

m. _____ est-ce que tu auras du temps ? – Tout à l'heure.

n. _____ veut faire la vaisselle ?   – Pas moi, c'est mort ! Je l'ai déjà faite hier !

o. _____ tu vas au bled ?   – En avion !

p. Tu fais _____ là ?   – Je travaille, ça ne se voit pas ?

q. _____ est-ce que tu pars cet été ?   – Je vais aux États-Unis

r. _____ est-ce qu'on va à la plage ?   – Dans 20 minutes, patiente un peu !

s. _____ Il te doit ?   – Une petite somme…

t. Tu arrives _____ ?   – J'arrive d'Alger.

u. Il a ramené _____ ?   – Des chips et des boissons !

v. _____ vient avec toi ?   – Mon meilleur ami.

ANSWERS: "INTERROGATIVE PRONOUNS"

① **Complétez les questions.**

*Example: – **Qui** es-tu ? – Je suis Mohammed !*

a. **Où** allons-nous ?   – À Paris !

b. **Que** dis-tu ?   – Je dis que je n'ai pas faim !

c. **Combien** ça coûte ?   – Très cher ! Je n'ose pas te le dire… !

d. **Comment** ça va ?   – Ça peut aller.

e. **Comment** tu t'appelles ?   – Sylvain, et toi ?

f. **Que** fais-tu dans la vie ?   – Je suis manutentionnaire.

g. **Qui** est-ce ?   – Elle ? C'est Claudia.

h. **Combien** d'enfants as-tu ?   – J'en ai trois !

i. **À qui** tu parles ?   – Je parle à ma mère !

j. **Pourquoi** tu pleures ?   – Parce que je me suis fait très mal.

k. D'**où** viens-tu ?   – De Côte d'Ivoire.

l. De **quoi** as-tu besoin ?   – D'un peu d'aide !

m. **Quand** est-ce que tu auras du temps ?   – Tout à l'heure.

n. **Qui** veut faire la vaisselle ?   – Pas moi, c'est mort ! Je l'ai déjà faite hier !

o. **Comment** tu vas au bled ?   – En avion !

p. Tu fais **quoi** là ?   – Je travaille, ça ne se voit pas ?

q. **Où** est-ce que tu pars cet été ?   – Je vais aux États-Unis

r. **Quand** est-ce qu'on va à la plage ?   – Dans 20 minutes, patiente un peu !

s. **Combien** Il te doit ?   – Une petite somme…

t. Tu arrives **d'où** ?   – J'arrive d'Alger.

u. Il a ramené **quoi** ?   – Des chips et des boissons !

v. **Qui** vient avec toi ?   – Mon meilleur ami.

WRITING: *"NEGATION IN FRENCH"*

① **Exercise: Put these sentences in negative form.**

Examples: J'ai peur ⇨ *Je **n'**ai **pas** peur ; Je suis grand* ⇨ *Je **ne** suis **pas** grand*

1) J'ai très faim aujourd'hui.

2) Il se sent bien.

3) On va se promener tout à l'heure.

4) Tu peux m'aider ?

5) Je pourrai venir ce soir.

6) Il a besoin d'un coup de main.[1]

7) On a besoin d'argent.

8) Nous sommes au parc.

9) Je suis à la maison.

10) J'ai reçu une réponse ce matin

11) Quelqu'un est passé ?

12) Il me reste encore de l'argent.

13) Tu as tout mangé ?

14) Tu es déjà levée ?!

15) C'est bon pour la santé !

16) Je vais quelque part !

17) Il parle beaucoup.

---

[1] = *Il a besoin d'**aide*** [**He needs help**] (*« avoir besoin d'un coup de main »* is an expression, litt. **To need a hit of hand**)

ANSWERS: "NEGATION IN FRENCH"

① **Exercise: Put these sentences in negative form.**

1) J'ai très faim aujourd'hui.

Je n'ai pas très faim aujourd'hui.

2) Il se sent bien.

Il ne se sent pas bien.

3) On va se promener tout à l'heure.

On ne va pas se promener tout à l'heure.

4) Tu peux m'aider ?

Tu ne peux pas m'aider ?

5) Je pourrai venir ce soir.

Je ne pourrai pas venir ce soir.

6) Il a besoin d'un coup de main.

Il n'a pas besoin de coup de main.

7) On a besoin d'argent.

On n'a pas besoin d'argent.

8) Nous sommes au parc.

Nous ne sommes pas au parc.

9) Je suis à la maison.

Je ne suis pas à la maison.

10) J'ai reçu une réponse ce matin

Je n'ai pas reçu <u>de</u> réponse ce matin

Je n'ai reçu aucune réponse ce matin

11) Quelqu'un est passé ?

<u>Personne</u> n'est passé ?

12) Il me reste encore de l'argent

Il ne me reste <u>plus</u> d'argent

13) Tu as tout mangé ?

Tu n'as pas tout mangé ?

14) Tu es déjà levée ?!

Tu n'es pas encore levée ?!

15) C'est bon pour la santé !

Ce n'est pas bon pour la santé !

C'est mauvais pour la santé !

16) Je vais quelque part !

Je ne vais <u>nulle</u> part !

17) Il parle beaucoup.

Il ne parle pas beaucoup.

Il parle peu

COMPREHENSION: *"SYNONYMS"*

Like in English, synonyms are words that have a similar meaning.
Example: *faute* and *erreur*.

① Match each word with its synonym.

Paresseux •   • Marrant

Bizarre •   • Erroné

Difficile •   • Étrange

Drôle •   • Identique

Faux •   • Fainéant

Certain •   • Coûteux

Cher •   • Compliqué

Pareil •   • Sûr

② Find the appropriate word.

a) La fourmi est un insecte très petit. C'est un insecte...

☐ malheureux.

☐ miniscule.

☐ faible.

b) Il a donné une réponse juste. Cette réponse est...

☐ déplacée.

☐ erronée.

☐ correcte.

c) Son gosse est mal élevé.

☐ Son frère est difficile.

☐ Son enfant manque d'éducation.

☐ Son fils est tristounet.

d) Mon père est très fatigué. Il est...

☐ exténué.

☐ énervé.

☐ énergique.

e) Ce garçon est très dynamique. Il est...

☐ énergique.

☐ nonchalant.

☐ paresseux.

f) Il est vraiment fatigant. Il est...

☐ énervant.

☐ charmant.

☐ prévenant.

② Find the mismatch in each sequence.

1- fatigué – raplapla – robuste – épuisé – abattu

2- odieux – sympa – agréable – aimable – avenant

3- contrarié – satisfait – chagriné – embêté – peiné

① **Match each word with its synonym.**

Paresseux — Fainéant
Bizarre — Étrange
Difficile — Compliqué
Drôle — Marrant
Faux — Erroné
Certain — Sûr
Cher — Coûteux
Pareil — Identique

② **Find the appropriate word.**

a) La fourmi est un insecte très petit. C'est un insecte...

☐ malheureux.
■ miniscule.
☐ faible.

b) Il a donné une réponse juste. Cette réponse est...

☐ déplacée.
☐ erronée.
■ correcte.

c) Son gosse est mal élevé.

☐ Son frère est difficile.
■ Son enfant manque d'éducation.
☐ Son fils est tristounet.

d) Mon père est très fatigué. Il est...

■ exténué.
☐ énervé.
☐ énergique.

e) Ce garçon est très dynamique. Il est...

■ énergique.
☐ nonchalant.
☐ paresseux.

f) Il est vraiment fatigant. Il est...

■ énervant.
☐ charmant.
☐ prévenant.

② **Find the mismatch in each sequence.**

1- fatigué – raplapla – **robuste** – épuisé – abattu

2- **odieux** – sympa – agréable – aimable – avenant

3- contrarié – **satisfait** – chagriné – embêté – peiné

COMPREHENSION: *"ANTONYMS"*

Like in English, antonyms correspond to the opposites.
Example: *gentil* and *méchant* are antonyms.

① **Find the corresponding opposite word from the list.**

> **Liste des mots** : mince, laid, chaud, atterrir, plein, énervé, réservé, lent, triste, vider

1) Ce chat est beau ! ≠ Ce chat est _laid_ !

2) L'avion va bientôt décoller ≠ L'avion va bientôt _atterrir_ !

3) Cet homme à la caisse est très calme ≠ Cet homme à la caisse[1] est très
énervé !

4) Il est assez gros ≠ Il est assez _mince_ !

5) Pouvez-vous remplir mon verre ? ≠ Pouvez-vous _vider_ mon verre ?

6) Il fait froid ici ≠ Il fait _chaud_ ici.

7) Le cheval est rapide ≠ Le cheval est _lent_ .

8) Il est très ouvert aux autres ! ≠ Il est _réservé_ .

9) Le réservoir d'essence est vide ≠ Le réservoir d'essence est _plein_ .

10) Il a l'air heureux ≠ Il a l'air _triste_ .

② **Find the opposite words (with prefix).**

1) Cet homme triche souvent. Il est _____ (contraire d'*honnête*).

2) Mon papi a 80 ans et est encore plein d'énergie ! Il est _____
(contraire de *fatigable*).

3) Quel mauvais garçon ! Il répond à ses parents[2] et est très _____ (contraire de *poli*).

4) Elle a changé de pays et ne voit plus ses amis. Je la sens un peu _____
(contraire d'*heureuse*).

5) C'est _____ d'avoir trois yeux ! (contraire de *possible*).

6) Tu peux m'aider à _____ cette armoire ? (contraire de *monter*).

7) On lui a mis des menottes pour qu'il reste _____ (contraire de *mobile*).

8) Elle répond mal aux gens… Quelle femme _____ ! (contraire d'*agréable*).

9) C'est _____ de se lever tôt le matin ! (contraire de *facile*).

10) Tu peux écrire un peu mieux ? Ta lettre est _____ ! (contraire de *lisible*).

11) Mon fils casse tout le temps de la vaisselle ! Il est assez _____ ! (contraire de *adroit*).

12) Il fronce les sourcils. Il a l'air _____ (contraire de *content*).

---

[1] *The word "caisse" here refers to the cash register of a store. In colloquial terms, a "caisse" also means a car (familiar language). Example :* Ma caisse est tombée en panne.

[2] *"Responding to someone" [répondre à quelqu'un] can mean "responding badly to someone". When we say: "He answers his parents! " [Il répond à ses parents !], it can be understood that the child talks badly to his parents, is unpleasant with them.*

③ **Crossword puzzle: Find the corresponding words.**

Across [*Horizontalement*]

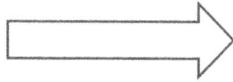

2 Contraire de froid
6 Contraire de grand
8 Contraire de compliqué
10 Contraire d'identique
12 Contraire de léger

Down [*Verticalement*]

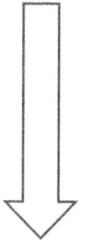

1 Contraire de vieux
3 Contraire de bon
4 Contraire de dernier
5 Contraire de heureux
6 Contraire de sale
7 Contraire de méchant
9 Contraire de chaud
11 Contraire de moche

Answers: "Antonyms"

① Find the corresponding opposite word from the list.

Liste des mots : mince, laid, chaud, atterrir, plein, nerveux, réservé, lent, vider

1) Ce chat est beau ! ≠ Ce chat est **laid** ! (we often say, in familiar language, "*moche*" instead of "*laid*".)

2) L'avion va bientôt décoller ≠ L'avion va bientôt **atterrir** !

3) Cet homme à la caisse est très calme ≠ Cet homme à la caisse est très **nerveux** ! (we can also say "***énervé***" instead of "*nerveux*" (fem. : "*nerveuse*"), even if the word "*énervé*" is rather negative, it is for someone who is angry, furious. The state of being "*nerveux*" can be caused by stress or an illness).

4) Il est assez gros ≠ Il est assez **mince** ! (we can say "***maigre***" even if "*maigre*" mainly refers to someone very thin (*très mince*). You can get "*maigre*" because of a disease).

5) Pouvez-vous remplir mon verre ? ≠ Pouvez-vous **vider** mon verre ?

6) Il fait froid ici ≠ Il fait **chaud** ici.

7) Le cheval est rapide ≠ Le cheval est **lent**.

8) Il est très ouvert aux autres ! ≠ Il est **réservé**.

9) Le réservoir d'essence est vide ≠ Le réservoir d'essence est **plein**.

10) Il a l'air heureux ≠ Il a l'air **triste**.

② Find the opposite words (with prefix).

1) Cet homme triche souvent. Il est **malhonnête** (contraire d'*honnête*).

2) Mon papi a 80 ans et est encore plein d'énergie ! Il est **infatigable** (contraire de *fatigable*).

3) Quel mauvais garçon ! Il répond à ses parents et est très **malpoli** (contraire de *poli*).

4) Elle a changé de pays et ne voit plus ses amis. Je la sens un peu **malheureuse** (contraire d'*heureuse*).

5) C'est **impossible** d'avoir trois yeux ! (contraire de *possible*)

6) Tu peux m'aider à **démonter** cette armoire ? (contraire de *monter*)

7) On lui a mis des menottes pour qu'il reste **immobile** (contraire de *mobile*).

8) Elle répond mal aux gens… Quelle femme **désagréable** ! (contraire d'*agréable*)

9) C'est **difficile** de se lever tôt le matin ! (contraire de *facile*)

10) Tu peux écrire un peu mieux ? Ta lettre est **illisible** ! (contraire de *lisible*).

11) Mon fils casse tout le temps de la vaisselle ! Il est assez **maladroit** ! (contraire de *adroit*).

12) Il fronce les sourcils. Il a l'air **mécontent** (contraire de *content*).

③ **Crossword puzzle: Find the corresponding words.**

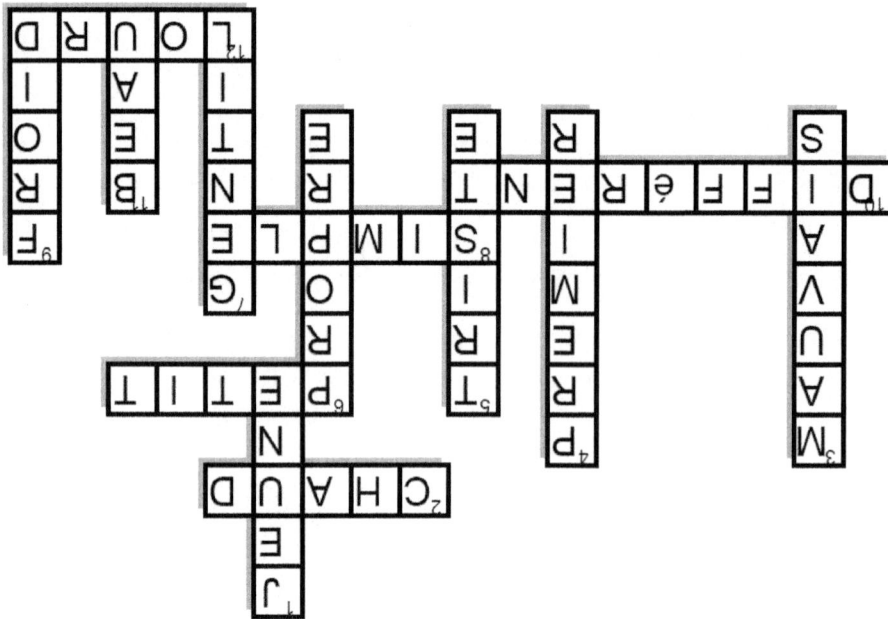

Across [*Horizontalement*]	Down [*Verticalement*]
	1 Contraire de vieux
2 Contraire de froid	3 Contraire de bon
6 Contraire de grand	4 Contraire de dernier
8 Contraire de compliqué	5 Contraire de heureux
10 Contraire d'identique	6 Contraire de sale
12 Contraire de léger	7 Contraire de méchant
	9 Contraire de chaud
	11 Contraire de moche

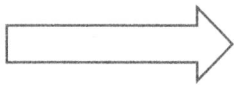

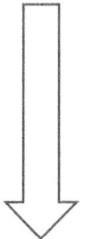

WRITING: *"IDENTITY"*

In this exercise, we will get to know how to present people.

① Exercise: Write a presentation the following characters.

First character:

RÉPUBLIQUE FRANÇAISE
CARTE NATIONALE D'IDENTITÉ N°: 98765235012   Nationalité Française

Nom : MARTIN
Nom d'usage : MARTIN
Prénom(s) : CHARLES, JEAN, PIERRE

Sexe : M   Né(e) le: 01.03.1975
à: PARIS (75)
Taille : 1,70 M
Signature
du titulaire :

IDFRAMARTIN<<<<<<<<<<<<<<<<<<<<56236
023654848646964CHARLES<<JEAN<5698611M3

Give as much information as possible about him: name, first name, date of birth, height....

Cet homme s'appelle _____

_____

_____

_____

_____

_____

_____

_____

Second character:

Prénom : Marcel

Nom[1] : Dupont

Date de naissance : 10 août 1950

Lieu de naissance[2] : Paris 15ème

Adresse : 66 avenue des Champs-Élysées, 75008 Paris[3]

Profession : Boulanger

Centres d'intérêt : Lecture, promenades, cinéma, shopping[4]

Cet homme s'appelle _____

_____

_____

_____

_____

_____

_____

_____

_____

_____

_____

_____

_____

---

[1] **Normally (and logically), you should put the first name before the last name**. However, the last name is often found before the first name, particularly in administrative documents. Sometimes, you will also find the last name in capital letters, for example: "François DUMOULIN". However, this is rarely mandatory, and many write the last name without capital letters.

[2] When you were born in Paris, you usually indicate the **district** (*arrondissement*) next to it on the administrative papers. There are **20 districts** (*arrondissements*) in Paris. Note: the cities of **Lyon** and **Marseille** also have districts (*arrondissements*) (9 districts in Lyon and 16 in Marseille).

[3] The first two numbers (75) refer to the county (*département*) (There are **101** *départements* in France). The three last numbers refer to the city. Here, the three last numbers indicate the district (*arrondissement*) of Paris (the *huitième arrondissement* in this exercise).

[4] Be careful: "***Faire du shopping***" doesn't quite mean "**to go shopping**" (to buy goods like food…). Indeed, it refers to buying things mainly **for pleasure**, like when you buy **shoes, clothes**… it's more of a **leisure activity**.

"***Faire les courses***" / "***Faire des courses***" (to do the shopping) refers more to the obligation, when you go to buy food for example.

ANSWERS: *IDENTITY*

Again, we propose several solutions; there are different ways to say the same thing.

First character:

Ce personnage s'appelle Charles Martin. Ses deux autres prénoms sont Jean et Pierre.

C'est un homme.

Il est né à Paris le 1er mars 1975.

Il fait 1 mètre 70.

Il est Français (il a une carte d'identité française).

Second character:

Cet homme s'appelle Marcel Dupont.

Il est né le 10 août 1950 à Paris / Sa date de naissance est le 10 août 1950.

Il est né à Paris 15ème / Il est né à Paris, dans le quinzième (arrondissement) / Son lieu de naissance est Paris, quinzième.

Il habite à Paris, au 66 avenue des Champs-Élysées / Son adresse est 66 avenue des Champs-Élysées, 75008 Paris.

Il est marié et a deux enfants.

Il est boulanger / Il exerce le métier de boulanger / Sa profession est boulanger.

Ses centres d'intérêts sont la lecture, les promenades, le cinéma et le shopping / Il aime lire, se promener, aller au cinéma et faire du shopping.

THEME: *"EVERYDAY SITUATIONS"*
COMPREHENSION: *"EVERYDAY EXPRESSIONS"*

Lesson: What are the formulas used by the French in everyday life?

1) Greeting (when we meet)

In the morning or during the day:
- *Bonjour !*[1]

At the end of the day (starting at around 5pm), in the evening, at night:
- *Bonsoir !*

For someone you know well (a friend, a friend, family):
- *Salut !*
- *Coucou !*   Hello !
- *Yo ! / Wesh !* (for young people; colloquial language)

2) Greeting (when we leave)

Au revoir ! / À plus tard / À bientôt / À la prochaine /
Ciao ! (pronouce like in Italian) / *Bye !* (comes from the English language).

In the morning or during the day:
- *Bonne journée !* (Have a good day!)

At the end of the day (starting around 6pm):
- *Bonne soirée !*[2] (Have a good evening!)

At night, i.e. after around 9-10pm:
- *Bonne fin de soirée !*
- (for family and friends – avoid for strangers:) *Bonne nuit !*[3]

3) Ask for something

French are not always straightforward: like in English, you generally have to use **indirect formulas** to ask for something. « *Je voudrais …* » (I would like…) ; « *Je peux avoir… ?* » (Can I have…?) ; « *Je pourrais avoir… ?* (Could I have…?) ».

We strongly recommend you to add a « ***s'il vous plaît*** » (formal) (short form: **svp**) or « ***s'il te plaît*** » (informal)(short form: **stp**).

Exemples : « *Je pourrais avoir une baguette s'il vous plaît ?* » ; « *Tu peux me donner ton numéro (de téléphone) s'il te plaît ?* »

4) Mood

There are several ways to ask someone how he/she feels:
- « *Comment ça va ?* » / « *Ça va ?* »
- « *Tu vas bien ?* » / « *Vous allez bien ?* »
- « *Comment vas-tu ?* » / « *Comment allez-vous ?* »
- « *La forme ?* » (familiar) / « *La pêche ?* » (familiar)

5) Meeting someone for the first time

When you meet a person for the first time, you can say « ***enchanté*** » ♂ or « ***enchantée*** » ♀ ("delighted") at the time of the presentations.

« *– Bonjour ! (Je suis) Alice, **enchantée**. – **Enchanté** ! (Je suis) Pierre.* »

---

[1] Watch out: the expression « *Bon matin* » (good morning) is **not** said in France.
[2] In general, we don't say « *Bonsoir* » when we leave each other in the evening, but rather « ***bonne soirée*** ».
[3] Be careful: « ***Bonne nuit*** » is somewhat an intimate expression, usually sitended for relatives or family members. Thus, we generally do not say « *Bonne nuit* » to someone we know little or nothing about.

6) When you see a person you haven't seen in a long time

When you see a person again after a while, you can ask about them.

« *Quoi de neuf ?* » (What's new?)

« *Qu'est-ce que tu deviens ?* » (What are you becoming?)

 « *Qu'est-ce que tu racontes ?* » (What are you telling?)

7) Thanks

To thank someone, we will say: « *merci* » (thanks), « *je vous remercie* » (I thank you) / « *je te remercie* » (I thank you – informal).

To accentuate the thanks, we can say: « *merci beaucoup* », « *un grand merci* » (a big thank), « *je vous remercie du fond du cœur* » (I thank you from the bottom of my heart) or even stronger: « *merci infiniment !* » (thank you infinitely!)

The one who receives the thanks can say: « *je vous en prie* » / « *je t'en prie* » (I pray you), or « *de rien* » / « *ce n'est rien* » = « *c'est rien* » (that's nothing), or « *c'est normal* » (it's normal).

8) Apologize

There are different ways to apologize.

The best known are: « *pardon* », « excusez-moi » / « excuse-moi » (excuse me), « désolé » / « désolée » (sorry).

> Be careful! You don't say "*Je m'excuse*" because you cannot excuse your own self.

There is also: « *navré* » (saddened), « *au temps pour moi* » (which is an expression).

9) Congratulations

When there is good news, you can congratulate someone by using words like "*félicitations*" or "*bravo*". We can also express our joy: "*super*" (great), "*excellent*", "*très bien*" (very good)...

Exemples :

« – *Ma femme a accouché ! C'est une fille !*

　 – *Ah !* **Félicitations** *!! »*

« – *J'ai enfin décroché mon permis de conduire.*

　 – *Ah c'est génial !* **Bravo** *! »*

10) When a situation makes us sad

To express sadness about a situation, we can say: « *mince* » or « *zut* » (familiar).

We can also say: « *pas de chance* » (no luck) / « *c'est pas de chance* » (it is no luck) ou « *pas de bol* » (litt. "*no bowl*": a familiar expression)

« – *J'ai eu une contravention… – Ah* **mince***… »*

« – *J'ai raté mon exam… – Ah* **c'est pas de chance**, *en plus tu avais beaucoup révisé… »*

11) When a person is ill

We wish this person a good recovery (« *bon rétablissement* »). We can also say: « *Soigne-toi bien* » (heal yourself well) ou « *Fais attention à toi* » (take care of you).

« - *Je vais y aller, je suis un peu malade, il faut que je me repose…*

- *Ah d'accord…* **Bon rétablissement** *alors,* **soigne-toi bien**. »

12) Following a death

When a person reports a death, we can say « *je suis désolé(e)* » (I am sorry). It is good to add: « *mes condoléances* » (my condolences) ou « *toutes mes condoléances* » (all my condolences).

« – *Ma grand-mère est décédée. – Ah, je suis désolé,* **toutes mes condoléances**. »

① **Exercise: respond to these everyday situations.**

1) – Yes ! J'ai eu mon bac avec mention !

– C'est vrai ?! _____ !

2) – J'ai eu un accident de travail, je suis en arrêt maladie en ce moment.

– Ah _____ Je te souhaite _____ .

3) – Patrick, je te présente Wafa, ta nouvelle collègue.

– _____ ! Bienvenue dans l'entreprise !

4) – Salut Brice ! _____ ?

– Ça va bien merci, et toi ? _____ ?

– Oui, tout baigne[1] de mon côté.

5) – Voilà, je t'ai acheté la voiture dont tu rêvais !
– Waouh ! _____ ! c'est un magnifique cadeau !

6) – Clément !
– Jean-Michel ! Ça fait longtemps ! _____ ?
– Ben écoute, la routine ! Et toi ?

② **Exercise: Try to remember what you have to say in each situation!**

Pour saluer quelqu'un :

_____

_____

Pour s'excuser :

_____

_____

Pour remercier :

_____

_____

_____

[1] « *tout baigne* » (familiar – "everything is bathing") means « *tout va bien* » (everything is fine).

① **Exercise: respond to these everyday situations.**

1) – Yes ! J'ai eu mon bac avec mention !

– C'est vrai ?! **Félicitations !** / **Bravo !**

> *Note: we could also say - although these are not congratulations:* « **excellent !** » « **génial !** » (great) « **super !** » « **extra !** » « **magnifique !** » (wonderful)

2) – J'ai eu un accident de travail, je suis en arrêt maladie en ce moment.

– Ah **mince.** Je te souhaite **un bon rétablissement.**

3) – Patrick, je te présente Wafa, ta nouvelle collègue.

– **Enchanté !** Bienvenue dans l'entreprise !

4) – Salut Brice ! **Comment tu vas ?** / **Comment ça va ?** / **Tu vas bien ?**

– Ça va bien merci, et toi ? **La forme ?** / **Ça va ?** / **Tout va bien ?** / **La pêche ?**

– Oui, tout baigne de mon côté.

5) – Voilà, je t'ai acheté la voiture dont tu rêvais !
– Waouh ! **Merci infiniment !** c'est un magnifique cadeau !

6) – Clément !
– Jean-Michel ! Ça fait longtemps ! **Qu'est-ce que tu deviens ?** / **Quoi de neuf ?**
– Ben écoute, la routine ! Et toi ?

WRITING: *"EVERYDAY SITUATIONS"*

① **Exercise: Write sentences**

Write sentences from the words you are given.

Example: Jouer / Jeux vidéo ⇨ *Il joue aux jeux vidéo / Il est en train de jouer aux jeux vidéo.*

Verbe : - Arroser **Noms** : - Fleurs - Arrosoir	
Verbe : - Lire **Nom** : - Livre	
Verbe : - Faire **Nom** : - Gymnastique	
Verbe : - Jouer **Nom** : - Football (foot)	
Verbe : - Regarde **Nom** : - Heure	
Verbe : - Préparer / Faire **Nom** : - Gâteau / Pâtisserie	
Verbe : - Apporter **Nom** : - Repas / Plat	
Verbe : - Manger / Être en train de manger **Nom** : - Repas / Plat	

Verbe : - Caresser **Noms** : - Chien	
Verbe : - Faire **Nom** : - Boxe	
Verbe : - Arrêter / interpeler **Nom** : - Policier, homme	
Verbe : - Discuter **Nom** : - Les gens	
Verbe : - S'occuper de… **Nom** : - Infirmière / Bébé	
Verbe : - Porter **Nom** : - Bébé	
Verbe : - Transporter **Nom** : - Machine à laver / lave-linge	
Verbe : - Etudier / Lire des livres	

① **Exercise: Write sentences**

Write sentences from the words you are given.

	Verbe : - Arroser **Noms** : - Fleurs / Plante - Arrosoir	Il arrose les plantes avec l'arrosoir. Il arrose les fleurs avec son arrosoir.
	Verbe : - Lire **Nom** : - Livre	Ils lisent un livre. Ils sont en train de lire un livre.
	Verbe : - Faire **Nom** : - Gymnastique	Il fait de la gymnastique. Il est en train de faire de la gymnastique.
	Verbe : - Jouer **Nom** : - Football (foot)	Il joue au football. Il est en train de jouer au foot.
	Verbe : - Regarde **Nom** : - Heure / montre	Il regarde l'heure de sa montre. Il est en train de regarder l'heure sur sa montre.
	Verbe : - Préparer / Faire **Nom** : - Gâteau / Pâtisserie	Il prépare un gâteau. / Il est en train de faire un gâteau. Il fait une pâtisserie. / Il est en train de préparer une pâtisserie.
	Verbe : - Apporter **Nom** : - Repas / Plat	Il apporte le repas. Il apporte un plat.
	Verbe : - Manger / Être en train de manger **Nom** : - Repas / Plat	Il mange son repas. / Il est en train de manger son repas. Il mange un plat. / il est en train de manger un plat.

	Verbe : - Caresser **Noms** : - Chien	Il caresse son chien. Il est en train de caresser son chien.
	Verbe : - Faire **Nom** : - Boxe	Il fait de la boxe. Il est en train de faire de la boxe.
	Verbe : - Arrêter / interpeler **Nom** : - Policier, homme	Le policier arrête l'homme / L'homme se fait arrêter par le policier / Le policier interpelle un homme. Le policier est en train d'arrêter un homme.
	Verbe : - Discuter **Nom** : - Les gens	Des gens discutent. Les gens sont en train de discuter.
	Verbe : - S'occuper de… **Nom** : - Infirmière / Bébé	Une infirmière s'occupe d'un bébé. L'infirmière est en train de s'occuper du bébé.
	Verbe : - Porter **Nom** : - Bébé	Il porte un bébé. Le personnage est en train de porter un bébé.
	Verbe : - Transporter **Nom** : - Machine à laver / lave-linge	Il transporte une machine à laver. Il est en train de transporter un lave-linge.
	Verbe : - Etudier / Lire des livres	Il étudie. Il lit des livres. Il est en train d'étudier. Il est en train de lire des livres.

COMPRÉHENSION: « *INVITATIONS* »

Lesson and exercise: What to say when you invite someone? Which answer will you give? Give examples based on the words in brackets.

1) Proposition / invitation

- Est-ce que tu veux… ? / Est-ce que tu voudrais… ?

Est-ce que tu voudrais aller au cinéma ? (aller au cinéma)

- Ça te ferait plaisir de … ?

Ca te ferait _____ ? (aller à Disneyland)

- Je t'invite à… / Je t'invite au…[1]

_____ *, qu'est ce que tu en dis* ? (restaurant)

- Ça te dit de … ? / Ça te dirait de … ?

_____ ? (m'aider à ranger)

- Tu as envie de … ? / Tu aurais envie de … ?

_____ ? (partir en vacances)

2) Hesitation ☺

- Je ne sais pas / Je ne sais pas trop

- Je dois réfléchir / Je vais réfléchir / Laisse-moi réfléchir

- Je ne suis pas sûr(e) / Je ne suis pas vraiment sûr(e) / Je ne suis pas tout à fait sûr(e)

- J'hésite… / Hmm…

3) Acceptance ☺

- Avec grand plaisir ! / Bien sûr ! / Volontiers ! ☺☺☺

- Avec plaisir ! / Je veux bien ! / Bonne idée ! ☺☺

- Pourquoi pas ! ☺

4) Refusal ☹

- Non merci.

- Ce n'est pas possible (*we can also say, when we speak:* « C'est pas possible ») / Ce ne sera pas possible (« Ce sera pas possible »)

- Je ne peux pas, désolé.

- Désolé mais je suis occupé / Je suis pris (*I am taken*) / Je suis un peu pris / J'ai quelque chose de prévu.

---

[1] When you invite someone, the invited person will expect not to pay anything.

WRITING: "EVERYDAY CONVERSATIONS"

① **Exercise: Find an appropriate question.**

1. – _____ ?

   – Je suis dans le jardin !

2. – _____ ?

   – J'ai dix-neuf ans.

3. – _____ ?

   – C'est mon voisin, Jean-Pierre !

4. – _____ ?

   – Au restau ? Bien sûr, avec grand plaisir !

② **Fill in the gaps of this conversation.**

– Allô [*prénom*] ?

– _____ ?

– C'est [*prénom*] !

– _____ ?

– Ouais ça va, je pète la forme ! Je reviens de vacances, là.

– _____ ?

– Je suis allé dans le Sud, vers Nice, c'était top. Et toi, tu es parti ?

– _____

– Ah ok, c'était bien ?

– _____

– Ah d'accord. Ça te dit qu'on se voie la semaine prochaine ?[1]

– _____

– Ça marche ![2] On fait comme ça !

– _____

– C'est noté ! Bye !

[1] We can also say : « *On peut se voir la semaine prochaine ?* » (can we see us next week?) , « *Tu es dispo la semaine prochaine ?* » (are you available next week?), « *Tu es libre la semaine prochaine ?* » (are you free next week?), « *Tu as du temps la semaine prochaine pour qu'on se capte ?* » (do you have time next week to catch up?), « *Ça te dirait qu'on se voie la semaine pro ?* » (litt.: would you be okay to see each other next week?)
[2] We can also say: « *Ça roule !* » (it rolls!)

ANSWERS: *"EVERYDAY CONVERSATIONS"*

① Exercise: Find an appropriate question.

Each time we indicate several possible questions. Here, the formal question is at the beginning and the familiar question (often used orally) at the end.

1. – **Où es-tu ? / Où est-ce que tu es ? / T'es où ?** (*familiar*)

   – Je suis dans le jardin !

2. – **Quel âge as-tu ? / Tu as quel âge ? / T'as quel âge ?** (*spoken language*)

   – J'ai dix-neuf ans.

3. – **Qui est-ce ? / C'est qui ?**

   – C'est mon voisin, Jean-Pierre !

4. – **Est-ce que tu veux qu'on aille[1] au restaurant ce soir ? / Ça te dirait qu'on aille au restau ? / Tu veux qu'on aille au restaurant ? / On va au restaurant tout à l'heure ?**

   – Au restau ? Bien sûr, avec grand plaisir !

② Fill in the gaps of this conversation.

You often have different ways of answering. Here are several examples:

– Allô [*prénom*] ?

- **Oui ? Qui est à l'appareil ?**

- **Oui, qui est-ce ?**

- **Oui, c'est qui ?**

– C'est [*prénom*] !

- **Ah oui ! Comment tu vas ?**

- **Ah, c'est toi ! Comment ça va ?**

- **Ah, salut Hamza ! Qu'est-ce que tu racontes ?**

– Ouais ça va, je pète la forme ! Je reviens de vacances, là.

- **Ah bon ? Tu étais où ?**

- **Ah oui ? T'es allé où ?**

- **Ah ouais ? T'es parti où ?**

– Je suis allé dans le Sud, vers Nice, c'était top. Et toi, tu es parti ?

- **Oui, je suis allé au bled**

- **Ouais, je suis allé à** .... **/ en** .... **/ aux** .... [*pays / ville*]

– Ah ok, c'était bien ?

- **Ouais, c'était super !**

---

[1] We add the **subjunctive** "mood" (a special verb form) after « *tu veux que…* », « *je veux que…* ».
Example: « *Je veux que tu fasses attention* » ; « *Je veux qu'on prenne le train* », …

- **Ça va, c'était pas mal ! On a bien aimé.**
- **Ça peut aller !**
- **Bof, c'était pas terrible…**

– Ah d'accord. Sinon ça te dit qu'on se voie la semaine prochaine ?

- **Oui bonne idée !**
- **Oui pourquoi pas !**
- **Ouais ce serait cool !**
- **Hmm ça va être compliqué, on pourrait la semaine prochaine ?**
- **Ah je ne pourrai pas la semaine prochaine, ça t'irait la semaine d'après ?**

– Ca marche ! On fait comme ça !

- **Parfait !**
- **Super !**
- **Entendu ! À la semaine prochaine !**
- **Ok, à plus, alors !**
- **D'ac, à la prochaine !**

– C'est noté ! Bye !

THEME: *"EVERYDAY LIFE AND ROUTINE"*
COMPREHENSION: *"NATHAN'S ROUTINE"*

Reading: Nathan's routine (*La routine de Nathan*).

Salut ! Je m'appelle Nathan. J'ai 10 ans et je suis en CM2.

Pendant la semaine, je me lève à 7 heures tous les matins. Je me lève, puis je vais manger mon petit déjeuner dans le salon. Souvent, il y a mes parents donc on parle ensemble. J'aime bien manger des céréales avec du lait, et parfois des tartines avec du beurre et de la confiture.

Après avoir pris mon **p'tit dej**, je m'habille et je me prépare pour sortir. De temps en temps, ma mère m'accompagne à l'école mais souvent j'y vais à pied.

À l'école, j'ai pas mal de travail : ma maîtresse nous donne beaucoup de choses à faire, en plus on a des devoirs à la maison ! Heureusement, elle est très gentille avec nous. Mes matières préférées sont le français, l'anglais et les maths.

À midi, je mange à la cantine avec mes **copains**.

Je termine l'école vers 16h. Ensuite, je rentre à la maison et je fais mes devoirs, après avoir pris mon goûter.

Après, je vais parfois faire du sport : du foot ou du tennis. Parfois, je joue aux jeux vidéo, tout seul ou avec des **potes**. J'aime bien traîner sur internet aussi de temps en temps.

Le soir, on dîne avec mes parents, mon frère et ma sœur. Après le repas, je ne reste pas très longtemps debout et je me couche assez tôt, vers 21h, sinon je risque d'être trop fatigué le lendemain !

Le week-end, je n'ai pas école. J'en profite pour me reposer ou bien pour sortir avec ma famille. J'aime bien quand on va au restaurant tous ensemble ! Mais on n'y va pas souvent car ça coûte un peu cher.

J'ai hâte d'être en vacances, pour pouvoir partir avec toute ma famille au soleil !

Say it the French way:

- In colloquial terms, we can say « ***p'tit dej*** » by refering to the « *petit déjeuner* » (breakfast) Example: « *T'as pris ton p'tit dej ?* » (Did you have breakfast? - litt. Have ya taken your breakfast?).
- - A "***pote***" is an informal name synonymous with a "friend" ("*ami*"). You can also use it for the feminine: « *C'est ma **pote*** » = « *C'est mon amie* ».
  - Be careful: the word "***copain***" or "***copine***" is sometimes ambiguous. When a child says, « ***c'est mon copain*** » or « ***c'est ma copine*** », we understand that he is or she is his friend. On the other hand, when a young person or adult says, « ***Tu as un copain ?*** », it means "Do you have a boyfriend?". The question « ***Tu as une copine ?*** » means "Do you have a girlfriend?"
    However, it's not always clear: sometimes, "*copain*" and "*copine*" still take on the meaning of "friend". Example: « *J'ai un copain qui habite à côté* » = « *J'ai un ami qui habite à côté* ».
  - In general, a distinction is made using a different personal pronoun:
    - C'est **ma** copine = c'est ma petite-amie (girlfriend)
    - C'est **une** copine = c'est une amie (female friend)
    Sometimes we can say « *C'est son ami(e)* » to mean "it's his partner", but we generally avoid this wording because it's not explicit (to be less ambiguous, we can say « *C'est son compagnon* » or « *C'est sa compagne* » rather than « *C'est son ami(e)* »).

Exercise: Nathan's routine

① Write down the five pronominal verbs present in the text and conjugate them.

Pronominal verbs are verbs that are conjugated with a reflexive pronoun of the same person as the subject. The reflexive pronouns are « me », « te », « se », « nous » et « vous ». The short forms of « me », « te », « se », are « m' », « t' » and « s' ».

*Examples: Je **me** promène ; Tu **te** trompes ; Il **se** lave ; Nous **nous** levons. Vous **vous** disputez. - Ils **se** parlent.*

Je _____	Je _____	Je _____
Tu _____	Tu _____	Tu _____
Il / Elle _____	Il / Elle _____	Il / Elle _____
Nous _____	Nous _____	Nous _____
Vous _____	Vous _____	Vous _____
Ils / Elles _____	Ils / Elles _____	Ils / Elles _____

Je _____	Je _____
Tu _____	Tu _____
Il / Elle _____	Il / Elle _____
Nous _____	Nous _____
Vous _____	Vous _____
Ils / Elles _____	Ils / Elles _____

② Answer the questions in complete sentences.

1) A quelle heure se lève Nathan ?

_____

2) Où mange-t-il à midi ?

_____

3) Quels sports pratique-t-il ?

_____

4) Quelles sont ses matières préférées ?

_____

5) Est-ce qu'il se couche tard ?

_____

ANSWERS: "NATHAN'S ROUTINE"

① Write down the five pronominal verbs present in the text and conjugate them.

*Note: In all present cases, these are verbs from the **first group** (which end in "-er", like "**manger**"). There exist three groups of verbs in French. Verbs from the first group are quite easy to conjugate.*

*Be careful: In the **imperative form** (when giving an order), it is incorrect to write an "-s" in the second person of the singular. Example: you would write « Mang**e** ton repas ! » and not « manges ton repas ! », or « Lèv**e**-toi maintenant ! » and not « lèves-toi maintenant ».*
Many people, including French speakers, make this spelling mistake.

S'appeler	Se lever	S'habiller
Je m'appelle	Je me lève	Je m'habille
Tu t'appelles	Tu te lèves	Tu t'habilles
Il / Elle s'appelle	Il / Elle se lève	Il / Elle s'habille
Nous nous appelons ⬅ ⚠	Nous nous levons	Nous nous habillons
Vous vous appelez ⬅	Vous vous levez	Vous vous habillez
Ils / Elles s'appellent	Ils / Elles se lèvent	Ils / Elles s'habillent

Se préparer	Se coucher
Je me prépare	Je me couche
Tu te prépares	Tu te couches
Il / Elle se prépare	Il / Elle se couche
Nous nous préparons	Nous nous couchons
Vous vous préparez	Vous vous couchez
Ils / Elles se préparent	Ils / Elles se couchent

② Answer the questions in complete sentences.

1) A quelle heure se lève Nathan ?

Il se lève à 7 heures (du matin).

2) Où mange-t-il à midi ?

A midi, il mange à la cantine avec ses amis.

3) Quels sports pratique-t-il ?

Nathan fait du football et du tennis / Il pratique le football et le tennis.

4) Quelles sont ses matières préférées ?

Ses matières préférées sont le français, l'anglais et les maths.

5) Est-ce qu'il se couche tard ?

Non, il se couche tôt, autour de 21h.

COMPREHENSION: *"PATRICK'S ROUTINE"*

Reading: Patrick's routine (*La routine de Patrick*).

Bonjour ! Je m'appelle Patrick et j'habite à Nantes.

Je suis agent immobilier ; je travaille dans un bureau mais je me déplace souvent pour faire des visites de **biens**. Je travaille **à mon compte** ; je ne suis pas salarié.

Vous voulez savoir quelle est ma journée type ? C'est bien simple, je me lève assez tôt en général, vers 6 heures du **mat'**. Je prends un bon café bien serré et un petit déjeuner classique, avec tartines, beurre et confiture. Je regarde parfois la télé, je surfe sur internet, ou bien je regarde des vidéos sur mon smartphone. Si mon épouse est réveillée, on mange ensemble et on discute. Mes enfants se lèvent vers 7h15. En général, je vais emmener les enfants à l'école vers 8h, puis je vais directement à mon agence.

Je travaille jusqu'à midi environ puis je déjeune. Il m'arrive d'aller au restaurant avec un client, mais en général je rentre pour prendre mon repas avec ma femme. Après, je retourne au **boulot** et je **bosse** jusqu'en fin de journée, vers 17h ou 18h, parfois plus tard. Le soir, je passe du temps avec mes enfants : je les aide pour les devoirs et parfois **on se balade sur la Loire** ou on joue à des jeux vidéo. Je les amène aussi au sport plusieurs fois par semaine, parce qu'ils sont inscrits au judo et au football.

J'essaye de bien gérer mon temps pour gagner assez d'argent, mais ce n'est pas facile avec la crise ! Les affaires ne marchent pas toujours bien, mais pour l'instant ça va, on vit correctement. **Pourvu que ça dure !**

Say it the French way:

- Like in English, the word « **bien** » (*good*) also means something we possess, or something we have bought.

For instance, we can say: « *ma sœur a acheté **un bien** (immobilier)* », that is, she bought an apartment or a house.

- When someone « **travaille à son compte** » (litt. To work at one's account), it means that this person is **self-employed**.

Example: « *J'ai quitté mon poste et j'ai créé une entreprise : maintenant, je **travaille à mon compte**.* »

- « **mat'** » is the contraction of « **matin** », in the familiar language (*note : we pronoune the "t" of « mat' »*). It is only used when we speak about time (« *3 heures du mat'* »)

Example: « *J'en ai marre[1] des voisins ! Ils écoutent de la musique jusqu'à trois heures du mat' !* »

- « **boulot** » is an informal synonym for "*work*" (noun)

Example: « *Allez, au boulot !* » ; « *J'ai trop de boulot…* ».

- « **bosser** » » is an informal synonym for "*to work*".

Example: « *Il **bosse** dur* » = « *Il travaille dur* » (he works hard).

- « *Pourvu que ça dure* » = « *Espérons que ça dure* » = May it last.
  « *Pourvu que ça marche* » = « *Espérons que ça marche* » = May it work.

---

[1] « *J'en ai marre* » is a popular expression which means "*I'm fed up*"

Exercise: Patrick's routine (*La routine de Patrick*).

Answer the questions in complete sentences.

1) Où habite Patrick ?

_____

2) Quel est son métier ?

_____

3) Que fait-il le matin ?

_____

_____

_____

4) Avec qui mange-t-il à midi ?

_____

_____

_____

5) Que fait-il le soir ?

_____

_____

_____

6) Est-ce que Patrick est pauvre ?

_____

_____

_____

WRITING: "*MY DAILY ROUTINE*"

Subject: Can you describe a typical day of your life?

Here is some vocabulary you can use:

Se lever à… / se réveiller à… - Prier / faire la prière - Prendre un bain – Se laver les dents / se brosser les dents - Se doucher / prendre sa douche / prendre une douche - Faire son lit - Se préparer / s'habiller - Aller au travail / aller à l'école / aller à l'université - Travailler / bosser (*familier*) - Retourner chez soi / rentrer à la maison - Déjeuner - Regarder la télé - Aller sur internet - Laver la vaisselle / faire la vaisselle - Faire une sieste / faire la sieste - Se promener - Préparer à manger / préparer le repas - Dîner - Faire du jardinage - Jouer aux jeux vidéo - Courir / Faire du jogging - Se coucher / aller se coucher - Faire la grasse matinée[1]

_____

_____

_____

_____

_____

_____

_____

_____

_____

_____

_____

_____

_____

_____

_____

_____

---

[1] « *Faire la grasse matinée* » (litt. To do the fat matinee) is an expression meaning « *dormir jusque tard dans la matinée* » (to sleep until late in the morning, i.e. 11am, 11.30am…).

ANSWERS: *"PATRICK'S ROUTINE"*

Answer the questions in complete sentences.

The answers you can read below are not quite similar to the text. This way you can enrich your vocabulary.

1) Où habite Patrick ?

Patrick habite à Nantes (une ville sur la Côte Atlantique, à l'ouest de la France).

2) Quel est son métier ?

Il est agent immobilier. Son travail est de **vendre** des biens immobiliers (appartements, maisons…) ou bien de les **louer**.

3) Que fait-il le matin ?

Le matin, il prend un café fort et prend un petit-déjeuner classique. Il mange des tartines avec du beurre et de la confiture. Il lui arrive de regarder la télé, d'aller sur internet, ou de regarder des vidéos sur son téléphone.

Lorsque sa femme est debout, il prend son petit-déjeuner avec elle.

Ensuite, autour de 8 heures

4) Avec qui mange-t-il à midi ?

En général, il déjeune avec son épouse, mais il lui arrive d'inviter un client à manger /

Habituellement, il prend son déjeuner avec sa femme, mais de temps en temps il va au restaurant avec un client.

5) Que fait-il le soir ?

Le soir, il passe du temps avec ses enfants. Il les aide pour les devoirs ou bien, quelquefois, il se balade sur les bords de la Loire. D'autres fois, il joue avec eux aux jeux vidéo.

Plusieurs fois par semaine, il les amène au sport, étant donné qu'ils sont inscrits au judo et au football.

6) Est-ce que Patrick est pauvre ?

Non, il n'est pas pauvre. Il vit correctement, c'est-à-dire qu'il vit plutôt bien.

ANSWERS: "MY DAILY ROUTINE"

Se lever à… / se réveiller à… - Prier / faire la prière - Prendre un bain – Se laver les dents / se brosser les dents - Se doucher / prendre sa douche / prendre une douche - Faire son lit - Se préparer / s'habiller - Aller au travail / aller à l'école / aller à l'université - Travailler / bosser (*familier*) - Retourner chez soi / rentrer à la maison - Déjeuner - Regarder la télé - Aller sur internet - Laver la vaisselle / faire la vaisselle - Faire une sieste / faire la sieste - Se promener - Préparer à manger / préparer le repas - Dîner - Faire du jardinage - Jouer aux jeux vidéo - Courir / Faire du jogging - Se coucher / aller se coucher - Faire la grasse matinée

Exemple de production écrite (routine d'un homme) :

Le matin, je me lève vers 7 heures. Je fais la prière avant le lever du soleil. Je me brosse les dents et je prends une douche un jour sur deux. Je fais mon lit et je me prépare. Ensuite, je vais au travail. J'arrive vers 9 heures. Je travaille puis je retourne chez moi et je déjeune. Je regarde un peu la télé ou bien je vais sur internet. Après avoir mangé, je fais la vaisselle et je retourne au travail. Je bosse dur et après avoir terminé mon travail, je rentre à la maison. Parfois je fais une sieste, et il m'arrive de sortir me promener avec mon épouse. Le soir, je prépare à manger et je dîne. De temps en temps, je joue aux jeux vidéo pour me détendre. En général, je vais me coucher vers 23h. Le week-end, je fais souvent la grasse matinée.

Exemple de production écrite (routine d'une étudiante) :

Le matin, je me lève vers 7 heures du matin. Je me brosse les dents et je prends une douche. Je fais mon lit et je me prépare. Ensuite, je vais à l'université et j'assiste aux cours. Quand les cours sont terminés, je vais manger à la cantine, puis je retourne en cours.

Lorsque mes cours sont terminés, je vais à la bibliothèque universitaire pour réviser.

Le soir, pour me détendre, je regarde parfois une série ou des vidéos sur YouTube. Après avoir dîné, je nettoie la vaisselle et souvent je révise encore un peu. Le week-end, je sors parfois avec mes amis. D'autres fois, je reste en famille. Le soir, je me couche souvent vers 23h-minuit. J'ai le sommeil léger car je suis souvent stressée.

WRITING AND SPEAKING: *"COURSE REGISTRATION"*

① **Read and try to fill in the gaps, in order to make a realistic conversation.**

– Bonjour !

– Bonjour Monsieur, je voudrais prendre des cours de français.

– D'accord. Vous avez déjà des bases en français ? Vous savez lire et écrire ?

– _____

– Très bien. J'aurais besoin de votre prénom et de votre nom.

– _____

– OK, c'est noté… vous habitez dans quelle ville ?

– _____

– Hmm, d'accord, et la rue ?

– _____

– Merci ! J'ai aussi besoin de vos date et lieu de naissance.

– _____

– D'accord. Vous venez de quel pays ?

– _____

– Ah, je vois. Et quand êtes-vous arrivé en France ?

– _____

– Très bien. Vous travaillez actuellement ?

– _____

– Alors on a quatre groupes. Les cours sont de 9h30 à 11h30 et de 14h à 16h. Il y a deux séances par groupe. Qu'est-ce qui vous arrange, le matin ou l'après-midi ?

– _____

– Entendu ! Vous voulez commencer la semaine prochaine ?

– _____

– Parfait ! On fait comme ça. Bonne fin de journée ! Au revoir !

– _____

ANSWERS: *"COURSE REGISTRATION"*

Here are some examples of answers.

①

– Bonjour !

    – Bonjour Monsieur, je voudrais prendre des cours de français.

– D'accord. Vous avez déjà des bases en français ? Vous savez lire et écrire ?

    – Oui, j'ai déjà quelques bases de français. Je sais à peu près lire et écrire.

    – Oui, j'ai quelques notions, j'arrive à lire mais j'ai un peu de mal pour écrire.

    – Oui, j'ai des bases mais elles sont un peu fragiles.

    – Oui, je sais lire et écrire mais je fais beaucoup d'erreurs.

– Très bien. J'aurais besoin de votre prénom et de votre nom.

    – Oui bien sûr, je m'appelle [*prénom, nom*].

    – Oui, c'est [*prénom, nom*].

– OK, c'est noté… vous habitez dans quelle ville ?

    – J'habite à [*ville*].

    – Je vis à [*ville*].

– Hmm, d'accord, et la rue ?

    – Je suis au [*numéro, rue*].

    – C'est [*numéro, rue*].

– Merci ! J'ai aussi besoin de vos date et lieu de naissance.

    – Oui, je suis né(e) le [*date*] à [*ville*].

    – Oui, C'est le [*JJ/MM/AAAA*[1]] à [*ville*].

– D'accord. Vous venez de quel pays ?

---

[1] « *J* » means « *Jour* » (day), « *M* » means « *mois* » (month), « *A* » means « *Année* » (year).
As for January 22th, 1991, we would write: **22/01/1991** (like the British way, unlike the American way).

– Je viens de [*pays*] / du [*pays*] / des [*pays*].

– Ah, je vois. Et quand êtes-vous arrivé en France ?

– Je suis arrivé en [*année*]

– Très bien. Vous travaillez actuellement ?

– Oui, je travaille, je suis [*métier*]

– Non, je suis en formation

– Non, je suis au chômage / je suis inscrit à Pôle Emploi

– Non, je ne travaille plus, je suis retraité(e) !

– Alors on a quatre groupes. Les cours sont de 9h30 à 11h30 et de 14h à 16h. Il y a deux séances par groupe. Qu'est-ce qui vous arrange, le matin ou l'après-midi ?

– Ça m'arrange mieux le matin ! / J'aimerais mieux le matin.

– Je préfère l'après-midi ! / Je préfèrerais l'après-midi.

– Entendu ! Vous voulez commencer la semaine prochaine ?

– Oui avec plaisir ! / Oui ça m'irait bien.

– Hmm, ça va être compliqué / Ça va être difficile / Ça ne m'arrange pas trop.

– Parfait ! On fait comme ça. Bonne fin de journée ! Au revoir !

– Merci, bonne fin de journée à vous aussi ! A bientôt.

– Merci, à vous aussi ! Au revoir.

THEME: *"THE WORLD"* (« *LE MONDE* »)
GEOGRAPHY: *"WORLD MAP"*

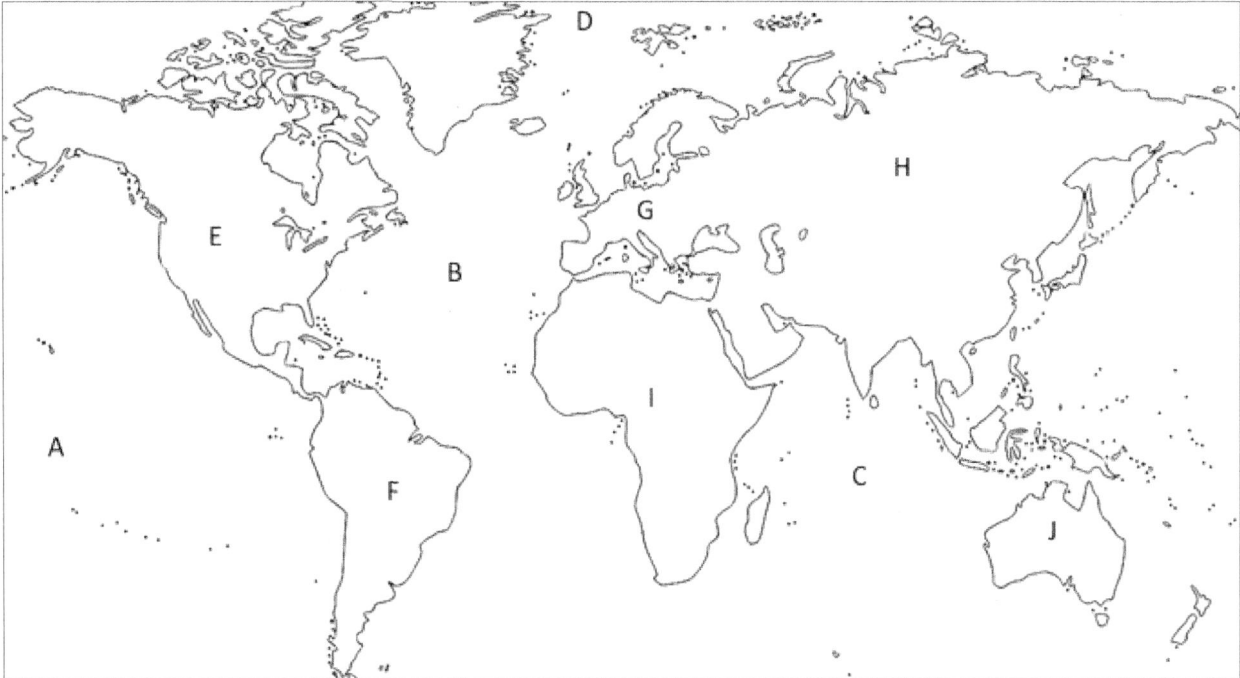

Écris la lettre correspondante pour chaque lieu

_____ Amérique du Nord

_____ Asie

_____ Europe

_____ Océan Atlantique

_____ Océan Arctique

_____ Amérique du Sud

_____ Afrique

_____ Océan Indien

_____ Australie

_____ Océan Pacifique

1) Quel est le continent le plus grand ?

    Afrique   Asie   Europe

2) Sur quel continent vis-tu ?

    Australie   Europe   Amérique

3) Quel est le cinquième continent qui n'est pas mentionné ?

_____

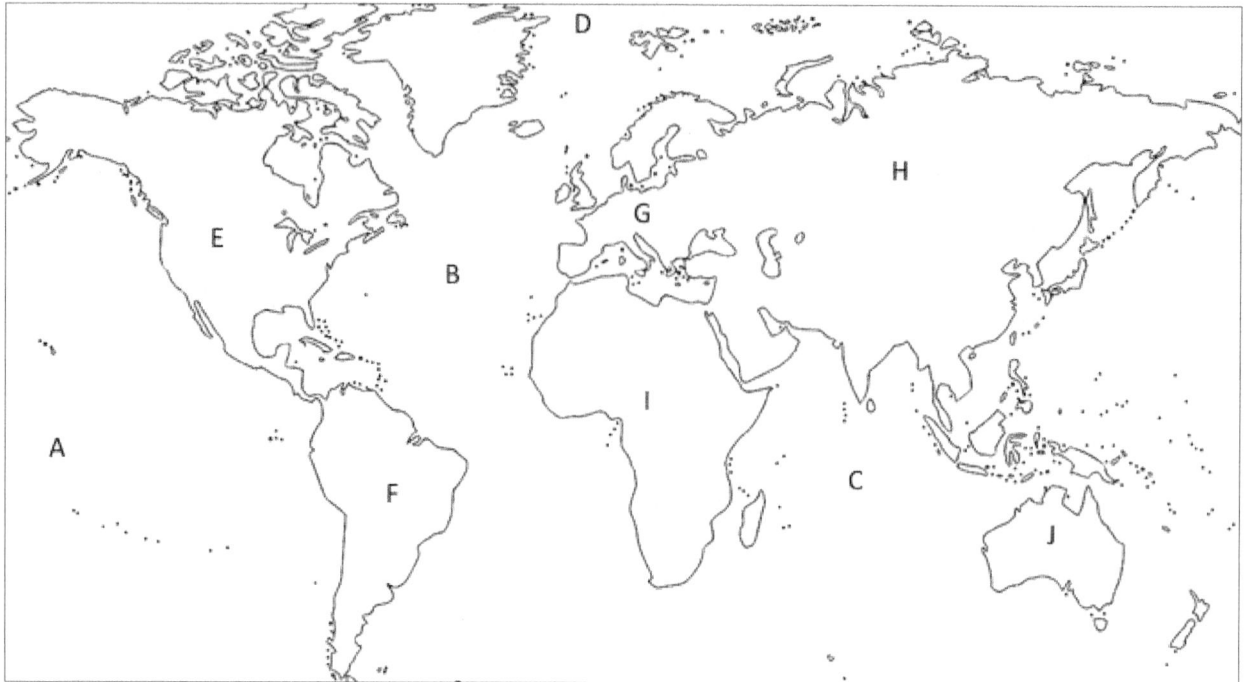

Écris la lettre correspondante pour chaque lieu

E	Amérique du Nord
H	Asie
G	Europe
B	Océan Atlantique
D	Océan Arctique
F	Amérique du Sud
I	Afrique
C	Océan Indien
J	Australie
A	Océan Pacifique

1) Quel est le continent le plus grand ?

Afrique (Asie) Europe

2) Sur quel continent vis-tu ?

Australie (Europe) Amérique

3) Quel est le cinquième continent qui n'est pas mentionné ?

Océanie

HISTORY AND GEOGRAPHY: *"EUROPE"*

Here is a map of Western Europe (« *Europe occidentale* », also called « *Europe de l'ouest* »).

① **Which States border France? Tick the relevant boxes. (*Quels sont les États limitrophes de la France ? Cochez les bonnes réponses*)**

☐ La Belgique   ☐ Le Royaume-Uni   ☐ L'Espagne

☐ L'Italie   ☐ La Suisse   ☐ Le Danemark

☐ Le Portugal   ☐ Le Luxembourg   ☐ Monaco

☐ Andorre   ☐ Les Pays-Bas   ☐ L'Allemagne

② **Write on the map as many States as you know. (*Écrivez sur la carte le maximum d'Etats que vous connaissez.*)**

③ **Which European countries have you visited? Where have you lived before? (*Quel(s) pays d'Europe avez-vous visité ? Où avez-vous déjà vécu ?*)**

_____

_____

_____

_____

④ In which countries are these places located? Give the name of the monument and the city, if possible. (*Dans quel pays se situent ces endroits ? Donnez le nom du monument et de la ville, si possible*)

ANSWERS: *"EUROPE"*

①

☑ La Belgique   ☐ Le Royaume-Uni   ☑ L'Espagne

☑ L'Italie   ☑ La Suisse   ☐ Le Danemark

☐ Le Portugal   ☑ Le Luxembourg   ☑ Monaco

☑ Andorre   ☐ Les Pays-Bas   ☑ L'Allemagne

②

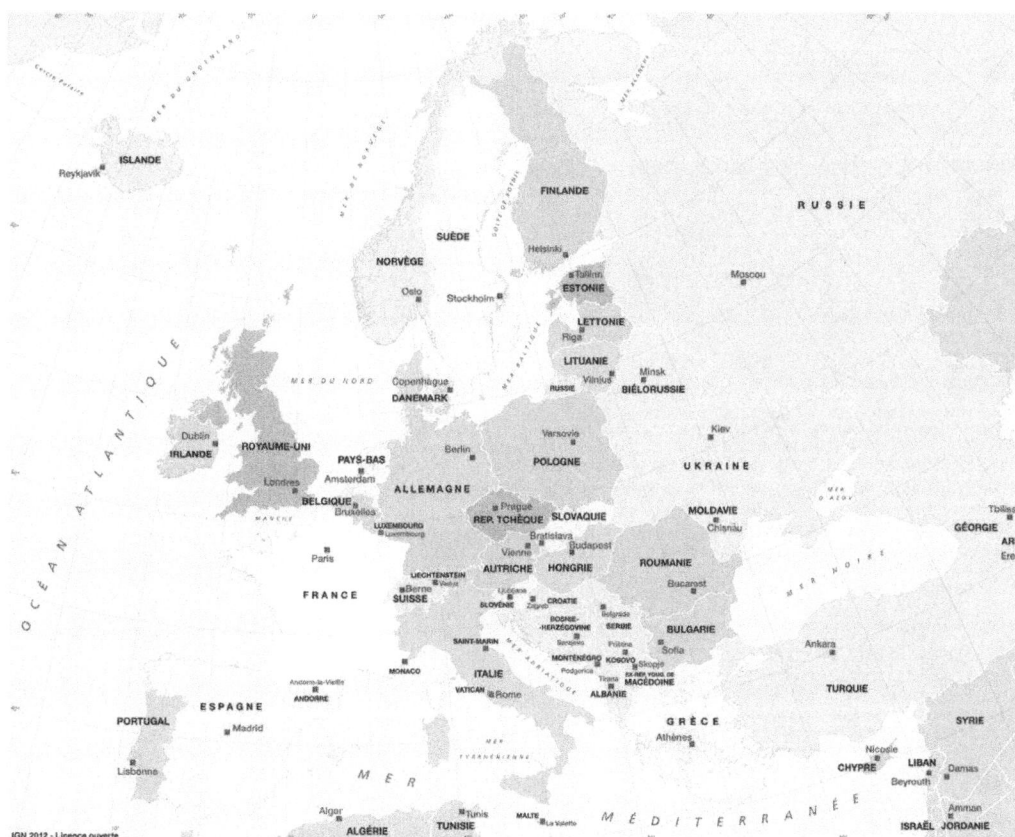

③

J'ai (déjà) visité la France / l'Allemagne / le Royaume-Uni / l'Espagne / le Portugal / l'Italie / les Pays-Bas…

J'ai déjà vécu en Allemagne / en Roumanie / en Bulgarie / aux Pays-Bas…

Maintenant, je vis en France.
Aujourd'hui, je vis en…

Allemagne (c'est la *Porte de Brandebourg* située à Berlin, la capitale).

Italie (c'est le *Colisée* qui se situe à Rome, la capitale).

Royaume-Uni / Grande-Bretagne / Angleterre (c'est le *Big Ben*, qui se situe à Londres, la capitale. On voit aussi la grande roue en bas à gauche, appelée *London Eye*).

Belgique (c'est l'*Atomium*, qui se situe à Bruxelles, la capitale).

Espagne (C'est l'*Alhambra*, à Cordoue)

France (C'est la *cathédrale Notre-Dame de Paris*, qui a été victime d'un incendie en 2019)

Theme: *"Culture and civilization"*

Comprehension: *"French culture: Truth or prejudices?"* (« *Culture française : Verite ou prejuges ?* »)

There are many received opinions circulating about the French. Some are true while others are false. Read this text and answer the questions. *(Beaucoup d'idées circulent sur les Français. Certaines sont vraies tandis que[1] d'autres sont fausses. Lisez ce texte et répondez aux questions.)*

Il paraît que les Français aiment manger les **escargots** et les **cuisses de grenouille** !

Il est vrai que certains Français mangent parfois des escargots en sauce, mais cela reste rare. Ce n'est pas un plat très fréquent. Et ils sont encore moins à manger des cuisses de grenouille ! Personnellement, j'habite en France depuis 30 ans et je n'en ai encore jamais mangé !

Certains disent que les Français sont **sales** et qu'il y a des crottes de chien partout. Cela n'est pas tout à fait vrai : la majorité des Français se lavent très souvent, parfois même tous les jours. En revanche, beaucoup de propriétaires de chiens ne ramassent pas les crottes de leur toutou ! Ça, c'est vrai à 100 % ! Et cela m'énerve beaucoup !

Et le **fromage** ? Il existe en France plus de 1000 fromages différents ! C'est vrai que les Français, en général, aiment bien en manger, même si souvent ils mangent du fromage industriel qu'on trouve au supermarché. C'est dommage.

On pourrait penser que les Français sont des fainéants et qu'ils font souvent la grève. C'est vrai que les Français font parfois grève, mais c'est pour défendre leurs droits ! De plus, **les Français travaillent beaucoup** : un travailleur français travaille en moyenne 1526 heures par an (en 2016), soit plus que le travailleur allemand, qui bosse environ 1356 heures par an ! (Chiffres de 2017).[2]

Et le béret ? Très, très peu de Français le portent aujourd'hui : c'est **démodé** ! Les Français ont perdu l'habitude de se couvrir la tête, après la Seconde guerre mondiale. Parfois, quelques personnes âgées en portent.

Autre préjugé : le Français serait **malpoli** ! Ceci n'est pas complètement faux, en particulier à Paris. Les gens y sont parfois rudes et peu accueillants, mais c'est moins vrai chez les jeunes. Certains serveurs sont sympas, mais d'autres sont assez **hautains** !

---

[1] « *tandis que* » can be substituted by « *alors que* »
[2] OECD (Organisation for Economic Co-operation and Development) statistics

Questions on the text: *"French culture: truth or prejudices?"*

① **Exercise: Answer the following questions.**

1) À quelle fréquence les Français mangent-ils des escargots et des cuisses de grenouille ?

_____

_____

2) Est-ce que les Français aiment manger du fromage ?

_____

_____

3) Les Français travaillent-ils moins que les autres ?

_____

_____

4) Les Français portent-ils des bérets ?

_____

_____

5) Les Français sont-ils malpolis ?

_____

_____

② **Exercise: Tick the right box corresponding to the right definition.**

Hautain :

☐ Qui paraît plus grand que les autres

☐ Qui se sent supérieur aux autres

☐ Qui n'aime pas aider les autres

Fainéant :

☐ Qui ne veut rien faire

☐ Qui est incompétent

☐ Qui est désagréable

Rude :

☐ Qui est sombre

☐ Qui est brutal

☐ Qui est solide

Démodé :

☐ Qui est sans intérêt, inintéressant

☐ Qui est récent, d'actualité

☐ Qui n'est plus à la mode, qui est désuet

COMPREHENSION: *"LIFE IN PARIS!"* (« LA VIE A PARIS ! »)

View of the Invalides dome (« dôme des Invalides » - don't say the "s" of « Invalides »), where Napoleon is buried. In the background, in the centre of the image, we can see the « Pantheon », where many important men and women are buried.

Beaucoup de gens étrangers **idéalisent** la vie à Paris.

Il est vrai que vivre à Paris comporte des **avantages** :

- **Transports en commun** : ils sont très nombreux donc on n'a pas besoin de voiture si on vit dans la capitale !
- **Magasins, cafés, restaurants** : ils sont innombrables ! Vous en trouverez partout.

  Un conseil : avant d'entrer dans un restaurant, **vérifiez** bien sur internet si c'est un bon endroit ! Vous pouvez trouver des endroits superbes à Paris, mais il y a aussi des lieux très déconseillés !
- **Tourisme et sorties** : le choix de sorties est très vaste ! Vous pouvez visiter de nombreux monuments, musées, des jardins et parcs. La culture est très présente à Paris.
- **Travail** : Il y a beaucoup d'entreprises à Paris. Il est donc plus facile de trouver du travail.

Toutefois, il existe des **inconvénients** :

- La **criminalité** :
  - On trouve pas mal de **pickpockets** dans la ville, dans le métro, le tramway… Il faut vraiment **faire attention** !
  - Évitez aussi d'utiliser le téléphone dans le bus, le métro, le train. Parfois, des voleurs peuvent attendre la fermeture des portes pour vous piquer votre téléphone et partir avec !
  - Certaines personnes peuvent vous proposer de signer des **pétitions**, et vous demanderont ensuite de l'argent. D'autres personnes peuvent aussi essayer de vous mettre un **bracelet** autour du poignet, puis vous demanderont de payer (2 € par exemple). Restez prudent et refusez ce qu'on vous propose.
- Le **manque de civisme** : beaucoup de gens ne sont pas très polis, les conducteurs de voiture roulent souvent vite, les vélos ne respectent pas toujours les piétons.
- La **saleté** : Déchets, odeurs d'urine, crottes de chien… C'est hélas monnaie courante à Paris !
- Le **coût de la vie** : Paris est hélas une ville assez chère. Les magasins pratiquent parfois des prix excessifs, et les loyers sont très élevés.

Par ailleurs, il y a certaines **choses à savoir** :

- À Paris et en Île-de-France, lorsque vous prenez l'escalator dans le métro ou le train, la file de gauche est **réservée aux gens pressés** ! Vous ne devez pas rester statique à gauche : mettez-vous à droite de l'escalator si vous êtes immobile.

Paris reste une ville à connaître ! C'est la **septième ville** visitée au monde, avec plus de 14 millions de touristes !

① Match the boxes from the left with the corresponding boxes from the right.

Idéaliser quelque chose
Idéaliser quelqu'un •

• C'est habituel

Un pickpocket •

• Large, très grand

Piquer quelque chose
(expression familière) •

• Une lettre écrite et signée (souvent par beaucoup de personnes) pour demander quelque chose.

Une pétition •

• Croire que cette chose ou cette personne est parfaite.

Avoir une idée embellie de quelque chose ou quelqu'un.

Hélas •

• Qui fait attention

Prudent •

• Quelqu'un qui vole des objets dans les sacs ou les poches, avec discrétion.

Vaste •

• Malheureusement

C'est monnaie courante •

• Voler quelque chose

② Answer the following questions.

1) Pouvez-vous donner des exemples de transports en commun ?

_____

_____

_____

2) Résumez les avantages et inconvénients de la vie à Paris dont parle le texte.

_____

_____

_____

3) Est-ce que vous aimeriez vivre à Paris ? Si oui, pourquoi ? Si non, pourquoi ?

_____

_____

_____

Answers: *"French culture: truth or prejudices?"*

①

1) À quelle fréquence les Français mangent-ils des escargots et des cuisses de grenouille ?

Les Français en mangent très rarement / Ils mangent très peu ces plats.

2) Est-ce que les Français aiment manger du fromage ?

Oui, en général ils aiment bien en manger. Cela fait partie des spécialités françaises.

3) Les Français travaillent-ils moins que les autres ?

Non, ils ne travaillent pas moins que les autres, ils travaillent même plus que les Allemands !
(d'après les statistiques de l'OCDE) / Non, ils travaillent en général autant voire plus que les autres !

4) Les Français portent-ils des bérets ?

Non, plus vraiment / pas vraiment. Ce sont surtout des personnes âgées qui en portent.

5) Les Français sont-ils malpolis ?

Malheureusement, certains le sont effectivement, surtout à Paris. Néanmoins[1], beaucoup Français sont polis et accueillants.

②

Hautain :
- ☐ Qui paraît plus grand que les autres
- ☑ Qui se sent supérieur aux autres
- ☐ Qui n'aime pas aider les autres

Fainéant :
- ☑ Qui ne veut rien faire
- ☐ Qui est incompétent
- ☐ Qui est désagréable

Rude :
- ☐ Qui est sombre
- ☑ Qui est brutal
- ☐ Qui est solide

Démodé :
- ☐ Qui est sans intérêt, inintéressant
- ☐ Qui est récent, d'actualité
- ☑ Qui n'est plus à la mode, qui est désuet

---

[1] On peut remplacer « *néanmoins* » par « *toutefois* » ou « *cependant* ». Cela permet de nuancer ce qu'on vient de dire. « *Il est gentil, toutefois il est souvent nerveux* ».

ANSWERS: *"LIFE IN PARIS!"*

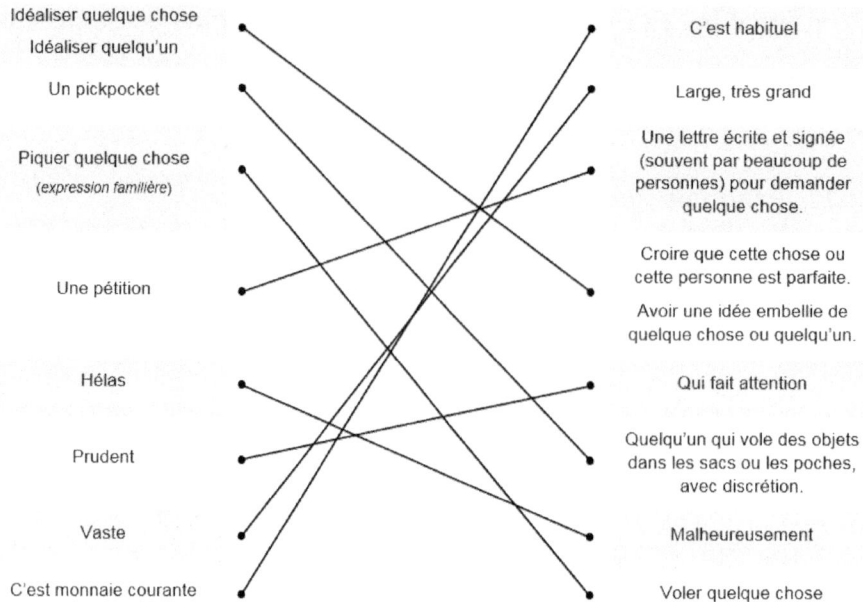

Idéaliser quelque chose
Idéaliser quelqu'un

Un pickpocket

Piquer quelque chose
(expression familière)

Une pétition

Hélas

Prudent

Vaste

C'est monnaie courante

C'est habituel

Large, très grand

Une lettre écrite et signée (souvent par beaucoup de personnes) pour demander quelque chose.

Croire que cette chose ou cette personne est parfaite.
Avoir une idée embellie de quelque chose ou quelqu'un.

Qui fait attention

Quelqu'un qui vole des objets dans les sacs ou les poches, avec discrétion.

Malheureusement

Voler quelque chose

②

1) Pouvez-vous donner des exemples de transports en commun ?

Réponse simple *: Il y a le bus, le métro, le tramway, le train, le RER, l'avion, etc.*
Réponse complexe *: Il existe différents types[1] de transport en commun : le bus, le métro, le tram, le train, le RER (à Paris et sa banlieue), le TGV (train grande vitesse, qui traverse la France), l'avion…*

2) Résumez les avantages et inconvénients de la vie à Paris dont parle le texte.

Les avantages sont les transports en commun, les lieux à visiter, les magasins, restaurants, cafés, les musées et endroits culturels. Les inconvénients sont la criminalité, les vols, la saleté et le manque de civisme.

3) Est-ce que vous aimeriez vivre à Paris ? Si oui, pourquoi ? Si non, pourquoi ?

Oui*, j'aimerais vivre à Paris car c'est une ville très belle et il y a du travail. On peut faire beaucoup de sorties car il y a énormément d'endroits à visiter, comme des musées (musée d'Orsay, musée du Louvre, Petit Palais et Grand Palais, etc.) Même si tout n'est pas parfait dans la capitale française, je voudrais bien y habiter car je pense que c'est une ville où on peut bien vivre.*

Non*, je n'ai pas envie de vivre à Paris. Même si c'est une belle ville, certaines choses sont embêtantes. Par exemple, la ville est assez sale, il y a beaucoup de voitures et les gens ne sont pas très sympas en général. En plus, c'est une ville très chère.*

Map of Paris.
The numbers refer to the districts (« arrondissements »). ⟹

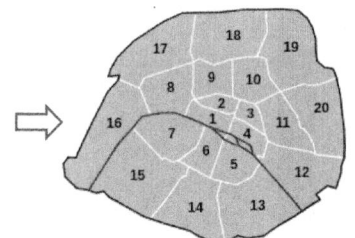

---

[1] On peut aussi dire : « *Il existe différentes sortes de…* »

WRITING: *"MY COUNTRY"*

Writing exercise: answer these questions about your country.

Nom du pays : _____

Capitale : _____

Nombre d'habitants : _____

Spécialités du pays (plats, boissons, desserts... - vous pouvez les décrire) : _____

_____

_____

_____

_____

Avantages du pays : _____

_____

_____

_____

_____

_____

Inconvénients du pays : _____

_____

_____

_____

_____

COMPREHENSION: *"A STUDENT IN PARIS"* (« *UNE ETUDIANTE A PARIS* »)

① **Read the following text.**

Chère Élodie,

Comment vas-tu ? Ça fait quelques temps que je ne t'ai pas écrit, désolée. Je suis très prise depuis mon emménagement à Paris. Je ne sais pas si je te l'ai dit, mais je suis maintenant en colocation : je loue un appartement avec une autre fille, dans le Quartier latin. Par contre, le loyer n'est pas donné ! Je paye quand même 600 € par mois, tu te rends compte ?! Je trouve ça abusé, en plus l'appartement n'est pas super grand.

Après, le quartier est plutôt sympa. C'est assez calme et il y a de beaux endroits pour sortir. J'aime bien flâner dans le Jardin du Luxembourg, tu sais, c'est le parc où se trouve le Sénat ! Il y a de la végétation et beaucoup de fontaines. Mais bon, la ville est quand même un peu sale, il y a pas mal de voitures, et les gens ne sont pas toujours agréables... Je t'avoue que mon village me manque !

Sinon, à part ça, j'ai commencé les cours à la fac. J'hésitais entre les maths et le droit, j'ai finalement choisi la deuxième solution ! J'étudie à Assas. Le niveau est élevé ! Ce n'est pas facile de suivre, et surtout de se mettre au travail toute seule. Mais bon, je m'accroche, je n'ai pas le choix !

Et toi, comment ça se passe ? Tu es allée à Nantes finalement ? Donne-moi de tes nouvelles ! J'ai hâte de te voir !

Bisous et à bientôt 😊

Anissa

Explanation of some words and expressions used in the text.

- « *Je suis très **pris*** » [Litt. "I am very taken"] (Fem. « *Je suis très prise* ») means « *Je suis très occupé* » [*I'm very busy*].
- « *Être en **colocation*** » means renting your home with another person.
- The ***Quartier latin*** ("Latin Quarter") is a beautiful district in the centre of Paris (located in the 5th and 6th arrondissements), where you can find many prestigious schools and universities. There are also monuments such as the Panthéon or the Palais du Luxembourg, where the Senate is located (in the Jardin du Luxembourg).

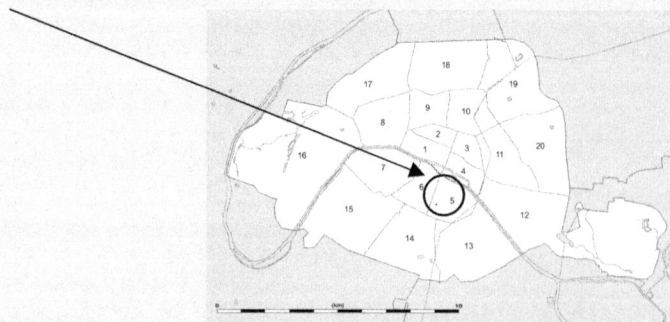

- « ***C'est abusé*** » [Litt. It's abused] is a term often used in colloquial language. It means: "it's exaggerated", "it's too much".
- « ***flâner*** » means "to stroll".
- « ***Assas*** » is a well-known Parisian university (like the Sorbonne), specialized mainly in law.
- The expression « ***Je m'accroche*** » ["I'm holding on"] can also be replaced by « *je tiens bon* ».

② **Tick the right box.**

1. Où vit Anissa ?
☐ Au Luxembourg
☐ À Paris
☐ À Nantes

2. Quelle matière étudie Anissa ?
☐ Les mathématiques
☐ Le français
☐ Le droit

3. D'où vient Anissa ?
☐ D'une grande ville
☐ D'une petite ville
☐ D'un village

4. Comment sont les études pour Anissa ?
☐ Faciles à gérer
☐ Moyennement faciles à gérer
☐ Très difficiles à gérer

- Qu'est-ce qu'Anissa **apprécie** dans sa vie à Paris ?

_____

_____

_____

_____

- Qu'est-ce qu'Anissa **n'apprécie pas** dans sa vie à Paris ?

_____

_____

_____

_____

③ Write a response to Anissa's message

Chère Anissa, ça fait plaisir d'avoir de tes nouvelles…

_____

_____

_____

_____

_____

_____

_____

_____

_____

_____

_____

_____

_____

_____

③ **Write a response to Anissa's message**

ANSWERS: "A STUDENT IN PARIS!"

②

1. Où vit Anissa ?
☐ Au Luxembourg
☑ À Paris
☐ À Nantes

2. Quelle matière étudie Anissa ?
☐ Les mathématiques
☐ Le français
☑ Le droit

3. D'où vient Anissa ?
☐ D'une grande ville
☐ D'une petite ville
☑ D'un village

4. Comment sont les études pour Anissa ?
☐ Faciles à gérer
☑ Moyennement faciles à gérer
☐ Très difficiles à gérer

- Qu'est-ce qu'Anissa **apprécie** dans sa vie à Paris ?

Elle aime bien son quartier (il est « *plutôt sympa* » et « *assez calme* »).

Elle est contente parce qu'il y a de beaux endroits pour sortir.

Elle apprécie aussi flâner dans le Jardin du Luxembourg (c'est un parc).

Elle aime bien ce parc, car il y a de la végétation et de belles fontaines.

- Qu'est-ce qu'Anissa **n'apprécie pas** dans sa vie à Paris ?

Elle n'apprécie pas trop la saleté de la ville.

Elle n'est pas très contente parce qu'il y a beaucoup de voitures.

Elle n'aime pas trop les gens qui ne sont pas agréables.

③ Rédigez une réponse au message d'Anissa

This is an example. There are many different ways to answer the original message. Do not hesitate to ask a French speaker to help you correct your mistakes.

Chère Anissa, je suis contente d'avoir de tes nouvelles ! Ce n'est pas grave si tu m'écris un peu tard, ne t'inquiète pas, je comprends.

Je suis contente pour ta colocation. J'espère que la fille qui habite avec toi est sympa ! Sinon c'est vrai que les prix sont chers à Paris… Moi, je suis bien à Nantes, j'ai trouvé un logement qui est moins cher que le tien ! Je paye à peu près 400 € de loyer par mois pour un bel appartement. Je me sens bien dans cette ville, c'est plus calme que Paris.

Je vois pour tes cours à la fac. Courage ! J'espère que tu vas y arriver. Essaye de travailler régulièrement, et ne te décourage pas. Moi j'ai commencé mes cours de psychologie, c'est un peu difficile mais ça va, j'arrive à gérer.
J'espère te revoir bientôt moi aussi, tu es disponible les prochaines vacances pour qu'on se voie ?

Prends soin de toi, je t'embrasse.

Élodie.

Comprehension: "The Eiffel Tower" (« La Tour Eiffel »)

La tour Eiffel est une tour fabriquée à partir de **fer**. Elle est située à Paris, **dans la partie ouest** de la capitale, à côté de la Seine.

On l'appelle Tour Eiffel car elle a été conçue par **Gustave Eiffel** et ses collaborateurs, pour l'Exposition universelle de Paris de 1889.

Elle a été construite pour célébrer le centenaire de la Révolution française (14 juillet 1789). On l'appelait au départ la « tour de 300 mètres ». Petit à petit, ce monument est devenu le **symbole de la capitale française**, et un site touristique de premier plan : il s'agit du **second site culturel français payant** le plus visité, derrière la **cathédrale Notre-Dame de Paris** étant en tête des monuments à l'accès libre avec 13 millions de visiteurs estimés.

Construite en **un peu plus de deux ans**, de 1887 à 1889, par 250 ouvriers, elle est inaugurée, à l'occasion d'une fête de fin de chantier organisée par Gustave Eiffel, le **31 mars 1889**. Les Parisiens critiquent cette construction et sa fréquentation diminue rapidement. C'est bien plus tard que la tour Eiffel connaît le succès, dans les années 1960.

D'une hauteur de 312 mètres à l'origine, la tour Eiffel est restée le monument le plus élevé du monde pendant 41 ans. La hauteur de la tour a été **plusieurs fois augmentée** par l'installation de nombreuses **antennes**, pour culminer à 324 mètres depuis le 8 mars 2011 avec un émetteur TNT. Utilisée dans le passé pour de nombreuses expériences scientifiques, elle sert aujourd'hui **d'émetteur de programmes radiophoniques et télévisés**.

Aujourd'hui, elle accueille **plus de six millions de visiteurs chaque année**.

① **Answer the following questions (Try to build complete sentences).**

1) Le long de quel fleuve se trouve la Tour Eiffel ?

_____

2) Pour quelle occasion a-t-elle été construite ?

_____

3) Quel a été le matériau principal utilisé pour la construire ?

_____

4) Quelle est la taille actuelle de cette tour ?

_____

5) Quel grand monument de Paris est plus visité que la Tour Eiffel ?

_____

6) Combien de personnes visitent la Tour Eiffel chaque année ?

_____

② **Writing: "Have you ever visited the Eiffel Tower? What did you think of that visit?**
(Rédaction : « Avez-vous déjà visité la Tour Eiffel ? Qu'en avez-vous pensé ? »)

ANSWERS: *"THE EIFFEL TOWER"*

①

1) Le long de quel fleuve se trouve la Tour Eiffel ?

La Tour Eiffel se trouve le long de la Seine.

2) Pour quelle occasion a-t-elle été construite ?

Elle a été construite à l'occasion de l'Exposition universelle de 1889, pour commémorer le centenaire de la Révolution française.

3) Quel a été le matériau principal utilisé pour la construire ?

On a utilisé du fer pour construire la Tour Eiffel.

4) Quelle est la taille actuelle de cette tour ?

Sa taille est de 324 mètres

5) Quel grand monument de Paris est plus visité que la Tour Eiffel ?

La cathédrale Notre Dame de Paris est plus visitée que la Tour Eiffel.

6) Combien de personnes visitent la Tour Eiffel chaque année ?

Environ 6 millions de personnes visitent la Tour Eiffel chaque année.

②

Réponse positive :

Oui, je suis déjà allé visiter la Tour Eiffel. C'était il y a quelques années. J'y suis allé avec des amis.

Nous avons monté les escaliers jusqu'au premier étage. Le prix du billet était un peu moins cher si on ne prenait pas l'ascenseur ! En plus ça nous fait faire un peu de sport. Il y a un restaurant au premier étage. Il y a aussi un endroit ressemblant à un petit musée. Il y a écrit la direction de certaines villes du monde. La vue est très belle ! On a une vue à 360° (= 360 degrés) sur Paris.

Après, nous avons pris l'ascenseur pour aller aux étages supérieurs.

Réponse négative :

Non, je ne suis jamais allé visiter la Tour Eiffel. J'aimerais beaucoup voir ce monument, car c'est un symbole de Paris.

J'espère qu'un jour j'aurai l'occasion d'y aller. Peut-être que dans quelques années, nous irons la visiter avec ma famille.

THEME: "HEALTH AND SAFETY" (« *SANTÉ ET SÉCURITÉ* »)

COMPREHENSION: "*HOW TO STAY IN SHAPE?*" (« *COMMENT RESTER EN FORME ?* »)

Il est important d'adopter de **bonnes habitudes** pour rester en bonne santé.

- **Évitez le sucre blanc** ! Il faudrait supprimer les produits trop sucrés tels que les sodas, les bonbons…

L'organisation mondiale de la santé recommande moins de 25g de sucre ajouté par jour, mais souvent nous mangeons beaucoup plus !

- Essayez de ne pas **boire**[1] ni de **fumer** ! Boire de l'alcool est **néfaste** pour la santé, idem[2] pour la cigarette !

- Il faut aussi **faire de l'exercice physique** : essayez de marcher, de bouger. Par exemple, prenez les escaliers au lieu de prendre l'escalator ou l'ascenseur.

- Il est important de **dormir assez** : essayez de dormir au moins 7h par nuit.

① **Answer the following questions.**

Quelles sont vos **bonnes habitudes** ?

Quelles sont vos **mauvaises habitudes** ?

---

[1] When we say « *boire* », we understand « *boire de l'alcool* » (to drink alcohol).If we say: « *Il a bu…* », we will understand from the context that he drank alcohol (« *Il a bu de l'alcool* »).

[2] « *idem* » means : « *c'est la même chose* » (the same thing for…) (« *idem* » comes from Latin).

EXPRESSION: *"TO STAY IN SHAPE"*

Exercise: What are you doing to stay in shape? What could you do to be in better shape?

(Exercice : *Que fais-tu pour garder la forme ? Que pourrais-tu faire pour être en meilleure forme ?*)

Pour rester en forme, je _____

_____

_____

_____

_____

_____

_____

_____

_____

_____

_____

Pour garder la forme,

- Je fais de l'exercice chaque jour / souvent.

- Je fais un peu de sport tous les jours / Je fais du sport chaque semaine.

- J'essaye de marcher un maximum chaque jour.

- J'évite de prendre la voiture trop souvent, pour marcher un peu plus.

- J'essaye de manger de la nourriture saine / Je mange de la nourriture saine.

- Je fais attention à ce que je mange.

- Je mange beaucoup de fruits et légumes.

- Je ne fume pas / Je ne bois pas d'alcool.

Pour être en meilleure forme, je devrais…

- Faire un peu plus de sport / Faire davantage de sport.

- Manger mieux.

- Éviter de manger des produits trop gras, trop salés, trop sucrés.

- Arrêter de fumer / Arrêter de boire de l'alcool.

COMPREHENSION: *"ROAD SAFETY"* (« *SÉCURITÉ ROUTIÈRE* »)

① Read the following text.

10 éléments à surveiller pour rouler en sécurité

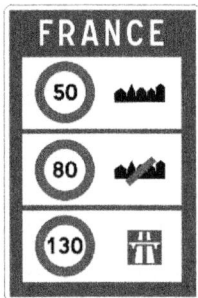

1. La vitesse. Elle constitue la cause principale des accidents : on la trouve dans 1 accident mortel sur 2. Il faut adapter sa vitesse aux circonstances. Plus vous allez vite, plus vous risquez un accident.

2. L'état des voitures. Une voiture mal entretenue peut être dangereuse. L'éclairage, les pneus, les freins… tout doit être surveillé. Il faut avoir son contrôle technique à jour, sinon vous risquez d'avoir une amende de 135 € ainsi qu'une confiscation du véhicule.

3. L'alcool. Conduire après avoir bu est très dangereux. La limite autorisée en 2019 est de 0,5 g/L de sang, et 0,2 g/L pour les jeunes conducteurs (soit à peine un verre de vin). Au-delà de la limite légale, vous devenez 10 fois plus dangereux qu'une personne n'ayant pas consommé d'alcool. Pensez

4. Le casque. En moto, il est indispensable de mettre un casque adapté. Une chute sur la tête pourrait être fatale. Prenez vos précautions.

5. La citadins[1]. Lorsque vous êtes en agglomération, soyez encore plus vigilant. Faites attention aux gens : enfants, jeunes, personnes âgées… Leurs réactions sont parfois imprévisibles. Roulez donc doucement et calmement.

6. La fatigue. Être fatigué entraîne des conséquences potentiellement graves. En effet, le risque d'avoir un accident est 8 fois plus important lorsqu'on est somnolent ! Un accident sur trois, sur l'autoroute, est associé à la somnolence. Il faut donc dormir suffisamment, faire une pause toutes les deux heures, marcher, boire de l'eau ou du jus d'oranges.

7. La priorité. Respectez les priorités et n'en abusez pas lorsque vous l'avez sur la route.

8. La ceinture. Attachez toujours votre ceinture, à l'avant comme à l'arrière. La ceinture peut sauver des vies ! Si vous ne portez pas de ceinture, vous pouvez perdre 3 points de permis et avoir une contravention de 135 €.

9. Les trajets courts. Beaucoup d'accidents se déroulent à proximité du domicile ou sur les courts trajets habituels. Par habitude, on fait moins attention autour de chez soi. 2 accidents sur 3 ont lieu sur des trajets de moins de 15 km, alors ouvrez toujours les yeux et soyez vigilant !

10. Le téléphone. Utiliser le téléphone sur la route est très dangereux ! Pourtant, 76 % des jeunes conduisent en téléphonant. Le téléphone est responsable de 10 % des accidents de la route !

---

[1] The **"citadins"** are the people who live in cities.

② **Answer the following questions.**

Sécurité Routière

	Vrai	Faux
1) Quand on est fatigué sur la route, il suffit de ralentir un peu.		
2) En buvant de l'alcool, on devient beaucoup plus dangereux sur la route.		
3) On peut être sanctionné si notre voiture est mal entretenue.		
4) La vitesse est rarement impliquée dans les accidents.		
5) Un accident sur trois a lieu sur des petits trajets.		
6) La ceinture est importante mais n'est pas obligatoire.		
7) Les habitants des villes ne sont pas toujours prudents.		
8) En général, il y a plus d'accidents sur les trajets courts ou habituels.		
9) Il est impératif pour les motards de mettre un casque.		
10) Téléphoner au volant est risqué.		

③ **Are you a good driver? How do you drive?**
(***Êtes-vous un bon conducteur ? Comment roulez-vous ?***)

- Je pense que je suis un très bon conducteur / un bon conducteur / un assez bon conducteur / un mauvais conducteur.

- Je fais très attention sur la route / Je fais moyennement attention / Je ne fais pas très attention quand je roule.

- Je suis très prudent / Je suis prudent / Je prends parfois des risques / Je prends souvent des risques.

- J'essaye de ne pas rouler trop vite / Je roule parfois un peu vite.

- Je n'ai pas le permis (de conduire) / Je n'ai pas de voiture / Je ne roule pas beaucoup / Ce n'est pas moi qui roule, c'est mon mari – ma femme – mon enfant…

②

Sécurité Routière

	Vrai	Faux
1) Quand on est fatigué sur la route, il suffit de ralentir un peu.		✓
2) En buvant de l'alcool, on devient beaucoup plus dangereux sur la route.	✓	
3) On peut être sanctionné si notre voiture est mal entretenue.	✓	
4) La vitesse est rarement impliquée dans les accidents.		✓
5) Un accident sur trois a lieu sur des petits trajets.		✓
6) La ceinture est importante mais n'est pas obligatoire.		✓
7) Les habitants des villes ne sont pas toujours prudents.	✓	
8) Il faut toujours respecter la priorité, sans exception.		✓
9) Il est impératif pour les motards de mettre un casque.	✓	
10) Téléphoner au volant est risqué.	✓	

③

Bon conducteur :

Je pense que je suis un bon conducteur. Je fais attention sur la route et je respecte les règles. Je suis vigilant et je ne roule pas trop vite. Pour moi, la voiture peut être un instrument dangereux, nous devons donc tous être prudents pour ne pas causer du mal à soi-même et aux autres.

Mauvais conducteur :

À mon avis, je ne suis pas un très bon conducteur. En effet, je ne fais pas toujours très attention sur la route. Parfois, je regarde mon téléphone. Je sais que ce n'est pas bien. J'essaye de me corriger et d'être un meilleur conducteur. C'est vrai qu'un accident est vite arrivé…

THEME: *"MONEY"* (« *L'ARGENT* »)

WRITING: *"TO SET MONEY ASIDE"* (« *METTRE DE L'ARGENT DE CÔTÉ* »)

Exercise: "Do you manage to save money? If so, how?
If not, how could you fix the situation to save money?"
(Exercice : « *Est-ce que tu arrives à économiser de l'argent ? Si oui, comment ?*
Si non, comment pourrais-tu arranger la situation pour mettre de l'argent de côté ? »)

ANSWERS: *"TO SET MONEY ASIDE"*

Corrigé de l'exercice : « *Est-ce que tu arrives à épargner de l'argent ? Si oui, comment ? Que comptes-tu faire de cet argent ?* »

Si tu n'arrives pas à en épargner, comment pourrais-tu arranger la situation ?

Réponse positive (oui) :

Oui, j'ai **un travail qui paye bien** donc je peux mettre un peu d'argent de côté. J'ai quelques économies sur mon compte bancaire et j'aimerais bien **le placer**, peut-être en achetant une place de parking ou en investissant dans une entreprise.

Oui, j'ai **un boulot**[1] **qui gagne bien** donc je peux épargner de l'argent. Récemment, j'ai acheté un petit studio[2] que j'ai loué : cela me rapporte un peu d'argent tous les mois, même si je dois rembourser un crédit à la banque.

Oui, ma femme et moi[3] travaillons, donc on gagne assez d'argent pour en mettre de côté.

Réponse négative (non) :

Non, je n'arrive pas à mettre d'argent de côté car je ne gagne pas beaucoup d'argent. Mon travail n'est **pas bien payé** et je ne travaille pas à plein temps.[4] Du coup, **je suis un peu juste** à la fin du mois et je ne peux rien mettre de côté. Je ne sais pas trop comment épargner de l'argent dans l'immédiat. Peut-être que je devrais dépenser moins d'argent et m'accorder moins de plaisirs (faire moins de restos, sortir moins souvent...)

Non, **je gagne juste assez** pour payer le loyer et les factures, mais je n'arrive pas à avoir de surplus. Peut-être que je ferai des heures supplémentaires pour gagner plus d'argent, ou bien avoir un deuxième emploi. Sinon, peut-être que je déménagerai dans un logement plus petit pour payer un loyer moins cher. **C'est compliqué, la vie est dure**...

---

[1] « *boulot* » est un mot familier, synonyme du nom « *travail* ». À ne pas confondre avec un arbre, « *le bouleau* »

[2] Un **studio** est un appartement équipé d'**une seule pièce de vie** (pièce principale, cuisine et salle de bains : on ne compte pas la cuisine et la salle de bains). Ce sont souvent les **étudiants** ou les **personnes célibataires** qui vivent dedans. Lorsqu'il y a une pièce de vie et une chambre, on dit que c'est un appartement **F2** (on dit aussi « *un F2* »). Lorsqu'il y a une pièce de vie avec deux chambres, c'est un **F3**. Il existe aussi des **F4**, des **F5**…

Lorsqu'on a un appartement qui s'étale sur deux étages, on dit que c'est un **duplex**.

[3] En français, on cite, par politesse, l'autre personne avant soi-même. Exemple : on ne dit pas « *moi et ma mère* » mais « *ma mère et moi* ».

[4] Un **travail à plein temps** correspond, en France, à 35 heures de travail par semaine. Si l'on travail moins que cette durée, par exemple 20 heures par semaine, c'est du **travail à temps partiel**.

① **Choose the corresponding word in each sentence from the word list ;**

Word list (*liste des mots*) : honnête, altruiste, impulsif (ou impulsive), sympa, perfectionniste, drôle, orgueilleux (ou orgueilleuse), patient (ou patiente), généreux (ou généreuse), timide.

1) Il se croit supérieur aux autres. Il est _____ .

2) Il s'emporte très vite (= il s'énerve très vite). Il est _____ .

3) Il fait rire tout le monde. Il est _____ .

4) Les enfants sont très agités mais leur mère reste calme. Elle est très _____ .

5) On se sent bien avec lui. Il est vraiment _____ .

6) Il aime partager ce qu'il a. C'est quelqu'un de _____ .

7) Elle rougit très vite en public et a peur de s'exprimer. Elle est _____ .

8) Il ne ment jamais. C'est quelqu'un d'_____ .

9) Il n'est jamais satisfait et veut que tout soit parfait. C'est un _____ .

10) Il est tourné vers les autres et fait le bien autour de lui. C'est un vrai _____ .

② **Circle the appropriate adjective in each sentence.**

1) Mon frère est assez *maladroit / désagréable* : il fait souvent tomber des objets et il casse des trucs[1].

2) – Cet homme est *sensible / honnête* : il a ramassé mon portefeuille et il est venu me le rendre.

– Ah oui, c'est vraiment *sympa / optimiste*. Certaines personnes n'auraient pas hésité à le garder !

3) – Mon fils est très *généreux / peureux* : il se cache dès qu'il voit un chien !

– Ah bon ? D'un côté, il a raison d'être *prudent / enfantin* : certains chiens sont méchants et peuvent être *dangereux / tolérants*.

4) – Ma fille est très *imprudente / sensible* : elle a les larmes aux yeux dès que j'élève un peu la voix.

– Ah, c'est pas la même chose pour la mienne ! Elle n'en fait qu'à sa tête ! Parfois elle est vraiment *énervante / malhonnête* parce qu'elle ne veut rien écouter.

---

[1] « *un* **truc** » = « *une* **chose** » ("a thing"). The word « *truc* » (we can also say « *(un)* **machin** ») is often used by the French speakers. The words « *truc* » and « *machin* » are colloquial words.

ANSWERS: "PERSONALITY"

> **Word list (*liste des mots*):** honnête, altruiste, impulsif (ou impulsive), sympa, perfectionniste, drôle, orgueilleux (ou orgueilleuse), patient (ou patiente), généreux (ou généreuse), timide

1) Il se croit le meilleur. Il est **orgueilleux**.

2) Il s'emporte très vite (= il s'énerve très vite). Il est **impulsif**.

3) Il fait rire tout le monde. Il est **drôle**.

4) Les enfants sont très agités mais leur mère reste calme. Elle est très **patiente**.

5) On se sent bien avec lui. Il est vraiment **sympa**.

6) Il aime partager ce qu'il a. C'est quelqu'un de **généreux**.

7) Elle rougit très vite en public et a peur de s'exprime. Elle est **timide**.

8) Il ne ment jamais. C'est quelqu'un d'**honnête**.

9) Il n'est jamais satisfait et veut que tout soit parfait. C'est un **perfectionniste**.

10) Il est tourné vers les autres et fait le bien autour de lui. C'est un vrai **altruiste**.

②

1) Mon frère est assez ***maladroit*** / ~~désagréable~~ : il fait souvent tomber des objets et il casse des trucs.

2) – Cet homme est ~~sensible~~ / ***honnête*** : il a ramassé mon portefeuille et il est venu me le rendre.

– Ah oui, c'est vraiment ***sympa*** / ~~optimiste~~. Certaines personnes n'auraient pas hésité à le garder !

3) – Mon fils est très ~~généreux~~ / ***peureux*** : il se cache dès qu'il voit un chien !

– Ah bon ? D'un côté, il a raison d'être ***prudent*** / ~~enfantin~~ : certains chiens sont méchants et peuvent être *dangereux* / ~~tolérants~~.

4) – Ma fille est très ~~imprudente~~ / ***sensible*** : elle a les larmes aux yeux dès que j'élève un peu la voix.

– Ah, c'est pas la même chose pour la mienne ! Elle n'en fait qu'à sa tête ! Parfois, elle est vraiment ***énervante*** / ~~malhonnête~~ parce qu'elle ne veut rien écouter.

Comprehension: *"everyone has their own tastes"* (« *Chacun ses goûts !* »)

① **Preparatory exercise: conjugate the following verbs.**

Adorer – Aimer (bien) – Apprécier – Ne pas aimer – Détester - Haïr

PERSONNE	ADORER ☺☺	AIMER ☺
1ère personne du singulier	J' _____	J' _____
2ème personne du singulier	Tu _____	Tu _____
3ème personne du singulier	Il _____ / Elle _____ / On _____	Il _____ / Elle _____ / On _____
1ère personne du pluriel	Nous _____	Nous _____
2ème personne du pluriel	Vous _____	Vous _____
3ème personne du pluriel	Ils _____ / Elles _____	Ils _____ / Elles _____

PERSONNE	APPRECIER ☺	NE PAS AIMER ☹
1ère personne du singulier	J' _____	Je _____
2ème personne du singulier	Tu _____	Tu _____
3ème personne du singulier	Il _____ Elle _____ On _____	Il _____ Elle _____ On _____
1ère personne du pluriel	Nous _____	Nous _____
2ème personne du pluriel	Vous _____	Vous _____
3ème personne du pluriel	Ils _____ / Elles _____	Ils _____ / Elles _____

PERSONNE	DETESTER ☹☹	HAÏR ☹☹
1ère personne du singulier	Je _____	Je _____
2ème personne du singulier	Tu _____	Tu _____
3ème personne du singulier	Il _____ / Elle _____ / On _____	Il _____ / Elle _____ / On _____
1ère personne du pluriel	Nous _____	Nous _____
2ème personne du pluriel	Vous _____	Vous _____
3ème personne du pluriel	Ils _____ / Elles _____	Ils _____ / Elles _____

② Writing: express your tastes using the following verbs of appreciation (you can use the verbs from the next page).

☺ Adorer - Être fan de... - Aimer (beaucoup / bien) - Kiffer[1] - Apprécier ☺

≠

☹ Ne pas aimer - Détester - Haïr - Avoir horreur de... ☹

Exemples d'activités : Aller au cinéma - Jouer aux jeux vidéo - Lire des livres - Regarder la télévision - Aller sur internet - Regarder des vidéos sur YouTube - Cuisiner - Dormir - Voyager - Me promener - Écouter de la musique - Danser - Faire les courses - Faire du shopping...

---

[1] Informal language (« *kiffer* » is often used by young people).

①

Adorer – Aimer (bien) – Apprécier – Ne pas aimer – Détester - Haïr	

PERSONNE	ADORER ☺☺	AIMER ☺
1ère personne du singulier	J'adore	J'aime
2ème personne du singulier	Tu adores	Tu aimes
3ème personne du singulier	Il adore / Elle adore / On adore	Il aime / Elle aime / On aime
1ère personne du pluriel	Nous adorons	Nous aimons
2ème personne du pluriel	Vous adorez	Vous aimez
3ème personne du pluriel	Ils adorent / Elles adorent	Ils aiment / Elles aiment

PERSONNE	APPRECIER ☺	NE PAS AIMER ☹
1ère personne du singulier	J'apprécie	Je n'aime pas
2ème personne du singulier	Tu apprécies	Tu n'aimes pas
3ème personne du singulier	Il apprécie	Il n'aime pas
	Elle apprécie	Elle n'aime pas
	On apprécie	On n'aime pas
1ère personne du pluriel	Nous apprécions	Nous n'aimons pas
2ème personne du pluriel	Vous appréciez	Vous n'aimez pas
3ème personne du pluriel	Ils apprécient / Elles apprécient	Ils n'aiment pas / Elles n'aiment pas

PERSONNE	DETESTER ☹☹	HAÏR ☹☹
1ère personne du singulier	Je déteste	Je hais
2ème personne du singulier	Tu détestes	Tu hais
3ème personne du singulier	Il déteste / Elle déteste / On déteste	Il hait / Elle hait / On hait
1ère personne du pluriel	Nous détestons	Nous haïssons
2ème personne du pluriel	Vous détestez	Vous haïssez
3ème personne du pluriel	Ils détestent / Elles détestent	Ils haïssent / Elles haïssent

☺ **Adorer - Être fan de… - Aimer (beaucoup / bien) - Kiffer - Apprécier** ☺

≠

☹ **Ne pas trop aimer - Ne pas aimer - Détester - Haïr - Avoir horreur de…** ☹

Exemples d'activités : Aller au cinéma - Jouer aux jeux vidéo - Lire des livres - Regarder la télévision - Aller sur internet - Regarder des vidéos sur YouTube - Cuisiner - Dormir - Voyager - Me promener - Écouter de la musique - Danser - Faire les courses - Faire du shopping…

J'aime bien aller au cinéma et j'adore jouer aux jeux vidéo !

J'apprécie lire des livres mais je n'aime pas regarder la télévision.

J'aime beaucoup aller sur internet et regarder des vidéos sur YouTube, et aussi aller sur Facebook.

Je n'aime pas trop cuisiner mais je kiffe dormir !

J'aime bien voyager et me promener.

J'apprécie écouter de la musique de temps en temps.

J'ai horreur de danser et je déteste faire les courses.

Je hais faire du shopping, je trouve que c'est une perte de temps !

J'aime bien faire du sport, en particulier du football, du jogging (ou de la course à pied) et de la musculation. Je n'aime pas trop la natation car j'ai un peu peur de l'eau.

J'apprécie passer du temps en famille et jouer à des jeux de société ! C'est important de profiter de ses proches.

THEME: *"THE WEATHER AND HOLIDAYS"* (« *LA METEO ET LES VACANCES* »)

WRITING: *"THE WEATHER"* (« *LA MÉTÉO* »)

Lesson: Read the vocabulary about weather and climate conditions:

- **Il fait [...] degrés à [***ville***] / Il fait beau à [***ville***] avec une température de [...] degrés.**

- **La température est de [...] degrés / Les températures tournent autour de [...] degrés.**

- **7° C** = 7 degrés (Celsius)
    - *In general, we do not say "Celsius" when we read « ° C » (we simply avoid saying it and just say « degrés »). Celsius degrees correspond to a measurement scale; the other scale used, particularly in the United States, is the Fahrenheit scale. 7 degrees Celsius = 44.6 degrees Fahrenheit.*

- **Il fait beau** = Il y a du soleil, sans nuage ou avec un peu de nuages.

- **Il fait bon** = Il fait assez chaud mais pas trop, et il fait beau.

- **Il y a un temps ensoleillé / Il y a du soleil / Il y a un grand soleil / un beau soleil**

- **Il fait chaud / Il fait très chaud**

- **Il ne fait pas très beau / Il fait un temps maussade**

- **Il fait froid / Il fait très froid**

- **Il y a du brouillard**

- **Il fait un temps glacial**

- **C'est la canicule ! / Il fait un temps caniculaire** = il fait vraiment très chaud
    - *A « canicule » (± heat wave) is a period of extreme heat, usually for at least several days.*

- **Il fait nuageux / Il y a des nuages / c'est un temps couvert**

- **Il pleut / Il y a de la pluie / un temps pluvieux**

- **Une éclaircie** = quand il y a un peu de soleil au cours d'un épisode nuageux ou pluvieux

- **Une vague de froid ≠ Une vague de chaleur**
    - *It's usually unexpected, sudden.*

Expressions et langage parlé :

- « *C'est un temps de chien !* » [Litt. *It's a dog's weather*] = Il ne fait pas beau du tout.

- « *Il pleut des cordes* » [Litt. *It's raining ropes*] = Il pleut beaucoup (*it's raining cats and dogs*)

- Il fait moche (*familier*) = Il ne fait pas beau = *It's a bad weather.*

- Le **thermomètre** ne dépassera pas les 10 degrés = la température n'excèdera pas 10 degrés.

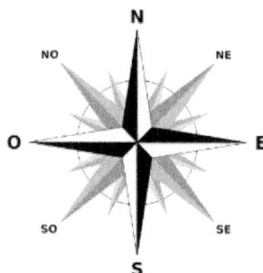

Exercise: Present the weather in the present tense or in the future tense. (*Exercice : Présentez la météo au présent ou au futur.*)

Au nord de la France, _____

_____

_____

_____

_____

_____

_____

_____

_____

Exercise: the compass rose (*Exercice préparatoire : la rose des vents*)

Put the directions in the right place (*Indiquez les directions au bon endroit*)

NORD (N)

NORD – EST (N-E)

SUD (S)

SUD – OUEST (S-W)

EST (E)

OUEST (W)

SUD – EST (S-E)

NORD – OUEST (N-W)

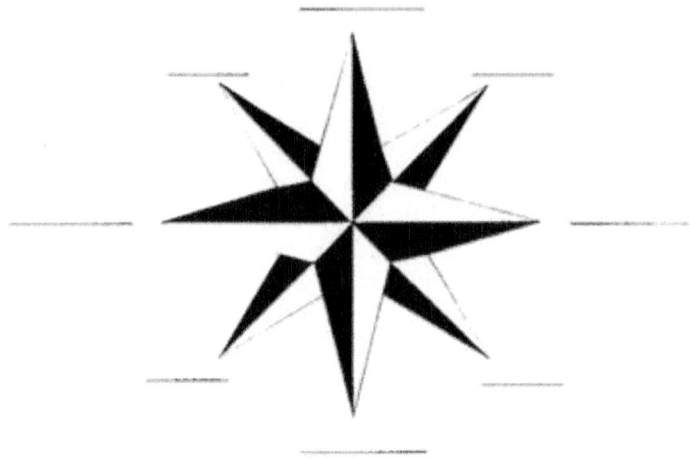

On indique toujours le nord ou le sud
en premier

ANSWERS: *"THE WEATHER"* (*« LA MÉTÉO »*)

Texte au présent (de l'indicatif) :

La moitié nord de la France est assez nuageuse. Il n'y a pas de soleil à Charleville, Metz et Strasbourg. Il fait 4 degrés dans ces trois villes.

À Calais, il y a du brouillard et il ne fait que 5 degrés.

En Normandie, il fait un peu moins froid : 7 degrés à La Hague et à Caen. Il y a un peu de soleil. En Bretagne, il y a aussi un temps nuageux, avec un degré de plus à Brest.

Il fait beau dans la vallée de la Loire et dans le sud, avec de légers nuages tout de même.

Un beau soleil à Aurillac, Perpignan, Embrun, Nice et Marseille.

Texte au futur simple (comme s'il s'agissait d'un bulletin météo pour le lendemain).

Le temps sera plutôt maussade dans le nord de la France. Les températures ne dépasseront pas les 10 degrés, sauf dans le sud de la France, sur la Côte d'Azur (à Perpignan et Nice plus précisément).

Le temps sera assez froid au nord-est, avec 4 degrés attendus à Metz et Strasbourg. Attention au brouillard à Calais, pour ceux qui prendront la route !

On apercevra un peu de soleil en Normandie, avec des températures fraîches, en dessous de 10 degrés. Le temps sera plus ensoleillé dans le Centre, avec un beau soleil à Limoges et Aurillac ainsi qu'à Tours, Nantes et Moulins (avec quelques petits nuages malgré tout).

On attend un temps magnifique dans le sud-est de la France, avec des températures agréables autour de la Méditerranée. En Corse, il y aura un beau soleil mais le thermomètre ne dépassera pas les 10 degrés.

① **Read this article carefully.**

Voyages magazine

Quel type de voyageur êtes-vous ?

Par Alain Venture

Dans cette nouvelle édition, nous avons interrogé deux Français qui nous racontent leurs habitudes de voyage.

Véronique (Metz), 44 ans, 2 enfants.

J'aime bien voyager mais ça nécessite de dépenser pas mal d'argent. Du coup, on ne part pas souvent pendant l'année. Toutefois, l'été, on aime bien se prendre un mois complet.

Avec ma famille, nous aimons partir dans le sud. J'ai la chance d'avoir de la famille installée à côté de Nice, du coup je peux profiter de leur maison. Avec mes enfants, on va se promener à côté de la mer, à la campagne, on se baigne... J'adore la Méditerranée !

Parfois aussi, on va sur la Côte Atlantique. J'apprécie beaucoup la ville des Sables d'Olonne, pas très loin de Nantes : c'est un endroit agréable même s'il y a beaucoup de touristes pendant l'été.

On loge en général chez la famille ou dans des hôtels... on déteste le camping !

On essaye de rester en France : ça fait marcher le commerce et on évite de trop polluer, parce que l'avion reste très polluant !

Le soir, on aime bien aller au restaurant ou faire des activités en famille, comme du bowling.

Arthur (Paris), 39 ans, 1 enfant.

J'adore me rendre dans le Sud de la France, avec ma femme et mon petit garçon.

On apprécie la Côte d'Azur, c'est magnifique ! Le soleil, les plages, les paysages...

Avant, on faisait du camping avec ma femme, mais avec notre enfant c'est devenu compliqué.

En général, on voyage en dehors des vacances scolaires, par exemple en juin ou en septembre. Non seulement on paye moins cher, mais en plus il y a moins de monde !

J'aime bien la Côte Atlantique, même si l'eau est plus froide qu'en Méditerranée. Mais il y a de superbes endroits à visiter.

Sinon, j'aime bien découvrir d'autres destinations hors de la France : j'adore les pays asiatiques, comme la Malaisie, la Thaïlande, le Cambodge ou le Laos, mais aussi d'autres endroits comme la Guadeloupe, Cuba, ou encore l'Amérique du Sud. Je suis un vrai globe-trotter !

Mais depuis que j'ai eu un bébé avec mon épouse, l'année dernière, je voyage moins. Eh oui ! Nos soirées en vacances sont donc plutôt calmes : notre garçon est encore petit, donc on ne sort pas beaucoup.

① Write down the similarities and differences between Véronique and Arthur.

-   **Similarities (*Points communs*)**

_____

_____

_____

_____

_____

-   **Differences (*Différences*)**

_____

_____

_____

_____

_____

_____

_____

_____

_____

_____

② **Match the location with the corresponding map.**

Lyon   •   •

Nantes   •   •

La Côte d'Azur   •   •

Marseille   •   •

La Côte Atlantique   •   •

Metz   •   •

② Match the location with the corresponding map.

ANSWERS: *"HOLIDAYS"*

①

-   **Points communs**

Réponses simples :

Ils aiment bien voyager dans le sud.

Ils apprécient la Côte Atlantique.

Réponse complexe :

Véronique et Arthur aiment tous deux voyager dans le Sud de la France, en particulier sur la Côte d'Azur.

Ils aiment se rendre sur la Côte Atlantique.

-   **Différences**

Réponses simples :

Véronique aime bien voyager en France mais Arthur aime bien voyager hors de France.

Véronique aime bien sortir avec sa famille et faire des activités, Arthur aime bien rester au calme.

Véronique voyage pendant les vacances scolaires, Arthur voyage en dehors des vacances scolaires.

Arthur aime bien le camping alors que Véronique déteste.

Réponses complexes :

Véronique n'aime pas trop voyager en dehors de la France, alors qu'Arthur aime bien sortir de l'Hexagone[1] pour voyager dans d'autres pays.

Véronique aime bien sortir en famille et tester de nouvelles activités, tandis qu'Arthur aime bien rester tranquille chez lui, auprès de sa famille.

Véronique voyage généralement durant les vacances scolaires, alors qu'Arthur préfère voyager en dehors, dans les périodes creuses.

Arthur apprécie le camping même s'il ne peut plus en faire à présent. À l'inverse, Véronique a horreur du camping.

---

[1] L'Hexagone est un surnom de la France ; cela fait référence à la forme hexagonale du pays.

②

Lyon

Nantes

La Côte d'Azur

Marseille

La Côte Atlantique

Metz

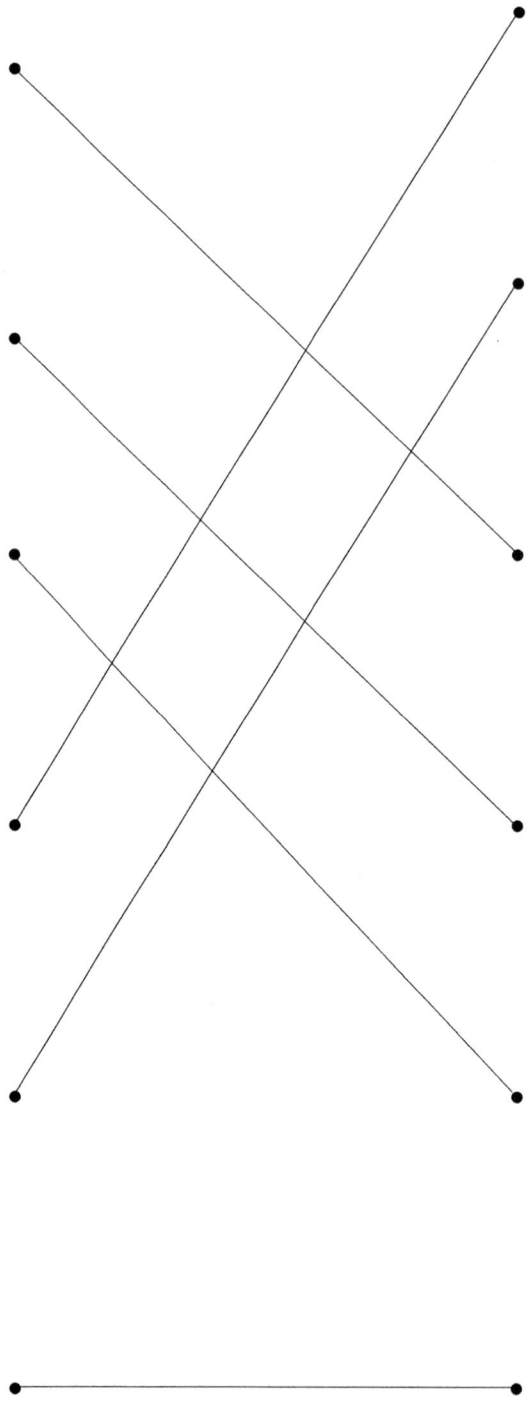

WRITTEN COMPREHENSION: "*TOURISM IN BRITTANY!*" (« *TOURISME EN BRETAGNE !* »)

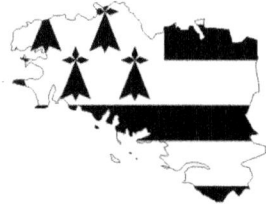

Brittany is a geographical area located in the northwest of France. It is a region famous for its green landscapes, beautiful cliffs, tourist places (fortresses, lighthouses, menhirs...), although it is known to be a rainy location. It is a popular tourist destination, even if the temperatures are cool compared to the rest of France.

(*La **Bretagne** est une zone géographique située au nord-ouest de la France. C'est une région réputée assez pluvieuse, mais très jolie : on y trouve des paysages verts, de belles falaises, des lieux touristiques (forteresses, phares, menhirs...). C'est un lieu touristique apprécié, même si les températures y sont fraîches par rapport au reste de la France.*)

① Read the following email (Lisez l'e-mail suivant :)

Réservation - Hôtel des Rochers

Hôtel des Rochers - Service de réservation <contact@hotel-des-rochers.com>
à Jacques Dupont

Monsieur,

Nous accusons réception de votre demande concernant la réservation d'une chambre pour trois personnes, du 3 au 16 août prochain.

Conformément à votre demande, la chambre dispose d'un lit deux places, d'un lit enfant, ainsi que d'une salle de bains avec baignoire.

Nous vous rappelons que vous devez vous présenter le jour de votre arrivée à l'accueil, à partir de 8h. Une carte magnétique vous sera fournie pour accéder au parking privé de l'hôtel.

Nous vous prions de bien vouloir procéder au paiement de l'acompte (30 % du montant), sur notre site internet (par carte bancaire avec paiement sécurisé) ou par virement bancaire. Vous devrez payer le solde à la fin de votre séjour.

Dans l'attente du plaisir de vous accueillir,

Bien cordialement,

Nolwenn Guivarch,
Service de réservation – Hôtel des Rochers
Port de Ploumanac – 22700 Perros Guirec (France)

② Tick the right box for each sentence.

1. Ce document est :
☐ Une publicité
☐ Une annonce
☐ Un message de confirmation

2. M. Dupont a réservé une chambre pour :
☐ Deux adultes
☐ Deux adultes et un enfant
☐ Trois adultes

3. Le client a déjà payé la moitié de son séjour :
☐ Vrai
☐ Faux
☐ On ne sait pas

4. Le client peut arriver à n'importe quelle heure :
☐ Vrai
☐ Faux
☐ On ne sait pas

5. Il existe un parking public à côté de l'hôtel :
☐ Vrai
☐ Faux
☐ On ne sait pas

6. Si la réservation coûte 1000 € au total, quel est le montant de l'acompte que devra payer M. Dupont ?

_____ €

③ **Where is Brittany located? Find the location on the map (The France is divided into 13 regions as you can see on this map).**

(*Où se trouve la Bretagne ? Indiquez l'endroit sur la carte. Ici, la France est découpée en 13 régions, comme vous pouvez le voir sur la carte.*)

④ **Writing: you eventually want to come one day earlier, on August 2nd instead of August 3rd. Write an email to Nolwenn Guivarch to find out if this is possible.** (*Ecriture : vous souhaitez finalement venir un jour plus tôt, le 2 août au lieu du 3 août. Ecrivez un e-mail à Nolwenn Guivarch pour savoir si cela est possible.*)

_____

_____

_____

_____

_____

_____

THEME: *"PAST AND PRESENT"* (« *PASSÉ ET PRÉSENT* »)
WRITTEN COMPREHENSION: *"THE GOOD OLD DAYS..."* (« *LA VIE D'AVANT...* »)

Objectives :
- *Understand a simple text.*
- *Mastering the imperfect*
- *Expressing yourself in the past tense.*

① **Read the following text.**

Comment les Français vivaient autrefois ? D'abord, il y avait plus d'**agriculteurs**. Ils étaient 4 000 000 (quatre millions) en 1963. Aujourd'hui, ils ne sont que 900 000 (neuf cent mille) environ.

La vie d'avant était **plus difficile** : le lave-linge et le lave-vaisselle n'existaient pas. Les tâches ménagères étaient donc plus longues et fatigantes !

Peu de gens avaient une **voiture**. C'était donc moins pratique pour se déplacer.

Mais il y avait des avantages : la vie était **plus saine**. Il y avait généralement **moins de pollution** et les fruits et légumes étaient naturels car il n'y avait pas de produits chimiques.

Les gens étaient en **meilleure forme** : ils faisaient plus d'activité physique car beaucoup travaillaient en plein air ! Aujourd'hui, les gens bougent moins et cela entraîne des problèmes de santé.

Eh oui ! Chaque période a ses avantages et ses inconvénients !

② **Answers the following questions.**

1) Est-ce que la vie d'autrefois était **plus facile** ?

_____

2) Combien y'a-t-il d'**agriculteurs** aujourd'hui ?

_____

3) Est-ce que la vie était **plus saine avant** ?

_____

4) Est-ce que beaucoup de gens avaient une **voiture** ?

_____

5) Quelles sont les machines qui nous aident dans nos tâches quotidiennes ?

_____

③ **Now it's your turn! Think about your childhood and answer the questions.**
(*Maintenant c'est à vous ! Pensez à votre enfance et répondez aux questions.*)

1) Où habitiez-vous, quand vous étiez petit(e) ?

2) Est-ce que vous aviez une nourrice[1] ?

3) Est-ce que vous aidiez vos parents ? Si oui, comment ?

4) Quels étaient vos jeux et vos loisirs ?

---

[1] A **nanny**. We can also say: « *une **nounou*** ».

②

1. Ce document est :
☐ Une publicité
☐ Une annonce
☑ Un message de confirmation

2. M. Dupont a réservé une chambre pour :
☐ Deux adultes
☑ Deux adultes et un enfant
☐ Trois adultes

3. Le client a déjà payé la moitié de son séjour :
☐ Vrai
☑ Faux
☐ On ne sait pas

4. Le client peut arriver à n'importe quelle heure :
☐ Vrai
☑ Faux
☐ On ne sait pas

5. Il existe un parking public à côté de l'hôtel :
☐ Vrai
☐ Faux
☑ On ne sait pas

6. Si la réservation coûte 1000 € au total, quel est le montant de l'acompte que devra payer M. Dupont ?

300 € (30 % du prix final)

③

Les 13 régions de la France métropolitaine (2016)

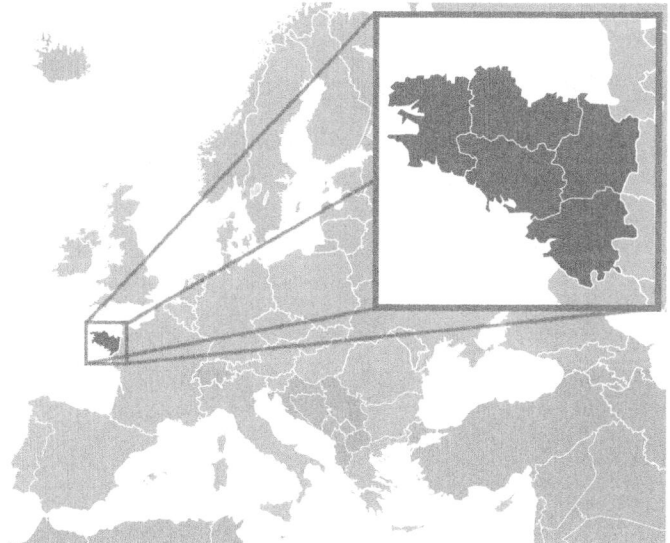

④

Here are some examples of answers.

Madame,

Merci pour votre réponse.

Je souhaiterais savoir s'il est possible de venir un jour plus tôt, à savoir le 2 août ?

Je vous remercie par avance pour votre réponse.

Bien cordialement,

Jacques Dupont

Madame,

J'aimerais finalement venir un jour plus tôt à votre hôtel, le 2 août. Est-ce possible ?

Merci d'avance pour votre retour.

Bien cordialement,

Jacques Dupont.

Madame,

Merci pour ces renseignements.

Nous voudrions finalement séjourner dans votre hôtel à partir du 2 août (et non à partir du 3 août).

Serait-ce possible ?

Je vous prie de me répondre aussi tôt que possible. Merci par avance.

Bien cordialement,

Jacques Dupont.

②

1) Est-ce que la vie d'autrefois était **plus facile** ?

- Non, la vie d'autrefois n'était pas plus facile,

- La vie d'avant n'était pas plus facile, elle était même plus difficile !

2) Combien y'a-t-il d'**agriculteurs** aujourd'hui ?

- Aujourd'hui, il y a 900 000 agriculteurs environ

- On compte aujourd'hui à peu près 900 000 agriculteurs.

3) Est-ce que la vie était **plus saine avant** ?

- Oui, la vie était plus saine avant.

- Oui, en général la vie était plus saine avant, car il y avait moins de produits chimiques, tandis que les fruits et les légumes étaient meilleurs.

4) Est-ce que beaucoup de gens avaient une **voiture** ?

- Non, peu de gens avaient une voiture.

- Non, très peu de gens avaient une voiture car cela coûtait extrêmement cher, et il y avait peu de véhicules à moteur.

5) Quelles sont les machines qui nous aident dans nos tâches quotidiennes ?

- Les machines qui nous aident dans nos tâches quotidiennes sont la machine à laver et le lave-vaisselle, entre autres.

- Beaucoup de machines nous aident dans nos tâches quotidiennes : il y a la voiture mais aussi la machine à laver, le lave-vaisselle, l'ordinateur, le téléphone... Ces outils nous rendent la vie plus facile.

THEME: *"GET TO WORK!"* (« *AU TRAVAIL !* »)
COMPREHENSION: "WHAT'S HIS/HER JOB?" (« *C'EST QUOI SON MÉTIER ?* »)

① **Who works where? Find the right job for each location.**

Liste des professions : un acteur, une actrice, un caissier, une caissière, un cuisinier, une cuisinière, un docteur, une docteure, un étudiant, une étudiante, un infirmier, une infirmière, un ingénieur, une ingénieure, un musicien, une musicienne, un ouvrier, une ouvrière, un professeur, une professeure, une sage-femme, un serveur, une serveuse, un vendeur, une vendeuse.

Un hôpital	Une université	Un restaurant

Une usine	Un magasin	Un théâtre

① Reply to an ad on the *Pôle Emploi*[1] website (Répondre à une annonce du site Pôle Emploi)

Préparateur de commandes H/F (smartphones) H/F

93 - NOISY LE GRAND - ⊙ Localiser avec Mappy

Actualisé le 23 juillet 2019 - offre n° 090YRPZ

Vous êtes particulièrement attiré(e) par le digital et vous souhaitez travailler dans ce secteur.

Après une formation de 400 heures, vous serez chargé(e) de la préparation de commandes et de la configuration de smartphones et de tablettes. Vous gérez les stocks et le réassort. Vous effectuez le colisage ainsi que le suivi des envois. Vous traitez et gérez les mails ainsi que les réclamations.

Vous maitrisez Excel. Vous avez idéalement une connaissance dans la configuration des portables.

Transmettez votre CV par mail : ape.93182@pole-emploi.fr

☑ Contrat à durée déterminée - 6 Mois
Act. Formation pré.recrut.

🕐 35H Horaires normaux

🗂 Salaire : Mensuel de 1700,00 Euros sur 12 mois
Chèque repas

Instructions : *You want to apply for this position. Write a* **cover letter** *(« lettre de motivation »): you must introduce yourself and talk about your background (1), and why you are qualified for this position (2). Eventually, you will write a greeting formula (3).*

(Incomplete) examples of cover letters:

Nom Prénom
Adresse
Code postal / Ville
N° de téléphone
Courriel (= e-mail)

Nom Prénom / Société
Adresse
Code postal / Ville

(Ville), à (date)

Objet : Candidature au poste de (emploi)

(Madame, Monsieur),

Etant actuellement à la recherche d'un emploi, je me permets de vous proposer ma candidature au poste de (emploi).

En effet, je suis vivement intéressé(e) par votre annonce qui correspond à mon profiL.

Travailleur(euse), rigoureux(euse), motivé et disponible, je saurai mener à bien les différentes missions que vous me confierez.

Sociable et à l'écoute, je sais m'adapter à mon environnement et pourrais ainsi m'intégrer sans le moindre problème à votre équipe.

Je reste à votre disposition pour toute information complémentaire, ou pour vous rencontrer lors d'un entretien.

Veuillez agréer, (Madame, Monsieur), l'expression de mes sincères salutations.

Signature

Madame, Monsieur,

Après une expérience dans le domaine de ...., je recherche un poste en tant que ....…............ je me permets donc de vous adresser ma candidature au poste de ……………....

Ma formation et mes expériences professionnelles m'ont permis de …………………………..

Je me tiens à votre entière disposition pour tous renseignements complémentaires.

Je vous prie d'agréer, Madame, Monsieur, l'expression de mes respectueuses salutations.

---

[1] **Pôle Emploi** is the main plateform to find a job. It is a government structure which also pays unemployment benefits, especially for those who have work a certain amount of time and haven't resigned on their own (you have to be dismissed in order to gain your unemployment benefits, and not leave on your own, except on some very rare occasions).

Votre
adresse

Adresse de
l'entreprise

Lieu et date

Objet

Corps
du texte

Nom et
signature

① **Qui travaille où ? Trouvez le métier correspondant à chaque lieu.**

Liste des professions : un acteur, une actrice, un caissier, une caissière, un cuisinier, une cuisinière, un docteur, une docteure, un étudiant, une étudiante, un infirmier, une infirmière, un ingénieur, une ingénieure, un musicien, une musicienne, un ouvrier, une ouvrière, un professeur, une professeure, une sage-femme, un serveur, une serveuse, un vendeur, une vendeuse.

Un hôpital	Une université	Un restaurant
un docteur / une docteure	un étudiant / une étudiante	un cuisinier / une cuisinière
un infirmier / une infirmière	un professeur / une professeure	un serveur / une serveuse
Une usine	**Un magasin**	**Un théâtre**
un ingénieur / une ingénieure	un caissier / une caissière	un acteur / une actrice
un ouvrier / une ouvrière	un vendeur / une vendeuse	un musicien / une musicienne
une sage-femme		

ANSWERS: *"LOOKING FOR A JOB"*

Exemple de lettre :

Jacques Dupont[1]
4 rue du Four
75006 PARIS
07 00 00 00 00

Pro-smartphones
13 avenue du Pavé Neuf
93160 NOISY-LE-GRAND

PARIS, le 20 septembre 2019

Objet : Candidature au poste de préparateur de commandes

Madame, Monsieur,[2]

Actuellement à la recherche d'un emploi, je me permets de vous proposer ma candidature au poste de préparateur de commandes.

En effet, je suis vivement intéressé par cette annonce, qui correspond à mon profil. En effet, j'ai déjà travaillé dans ce domaine par le passé, et j'ai accumulé une certaine expérience.

Travailleur, rigoureux, motivé et disponible, je saurai mener à bien les différentes missions que vous me confierez.

Sociable et à l'écoute, je sais m'adapter à mon environnement et pourrais ainsi m'intégrer sans le moindre problème à votre équipe.

Je reste à votre disposition pour toute information complémentaire, ou pour vous rencontrer lors d'un entretien.

Veuillez agréer, Madame, Monsieur, l'expression de mes sincères salutations.

Jacques Dupont[3]

---

[1] When you send the letter, you do not write « *M.* » nor « *Monsieur* before your own name.
[2] We start with « *Madame* » or « *Monsieur* ». If you write a letter to a person you know and get along with, you will write « *Cher Monsieur* » or « *Chère Madame* ».
[3] Again, we do not put « *M.* » nor « *Monsieur* » before one's own name. And don't forget to sign the letter!

THEME: *"RECREATION"* (« *LES LOISIRS* »)

WRITING: *"MY LEISURE ACTIVITIES"* (« *MES LOISIRS* »)

What are your hobbies? Is it television? Video games? Sport?
Describe your favourite hobbies and give details.

(Quels sont vos loisirs ? Est-ce la télévision ? Les jeux vidéo ? Le sport ? Décrivez vos loisirs favoris en donnant des détails.)

Theme: "Life problems" (« Problèmes de la vie »)
Writing: "Broken computer and complaint letter" (« Ordinateur cassé et lettre de réclamation »)

Exercise: Writing a letter. (*Exercice : Écriture d'une lettre.*)

① **Read the following email (*Lisez le courriel / l'e-mail suivant*).**

Des nouvelles   — ⤢ ✕

victoria.dupont@gmail.com

Des nouvelles

Salut Vic ! Comment tu vas ?

Moi ça peut aller, même si j'suis un peu vénère aujourd'hui. En fait, j'ai acheté un ordi il y a un mois. Il marchait nickel jusqu'à hier soir. Quand je l'ai allumé, il a fait un bruit chelou et s'est éteint. J'ai essayé de le rallumer plusieurs fois, mais rien ! Du coup, j'ai envoyé un texto à ma daronne pour lui demander quoi faire. Elle m'a dit d'écrire à la Fnac pour qu'ils me rendent ma thune. Il faut que je me grouille parce qu'il y a une garantie, si je m'y prends trop tard ils ne me rembourseront pas et je serais deg ! Vu que tu maîtrises bien le français, est-ce que tu pourras jeter un coup d'œil à ma lettre stp ? Désolé de te saouler avec ça mais bon, j'ai vraiment besoin de ton aide !

Sinon comment ça se passe de ton côté ? Quoi de neuf ?

Donne moi de tes news !

À plus ! Take care.

Alexandre

Envoyer ▾   A 📎 ⌗ 😊 ⛅ 🖼 🕓   ⋮ 🗑

---

② **Find the corresponding synonyms from the words in the list.**

Word list (*Liste des mots*) : argent, bizarre, dégoûté, se dépêcher, embêter, énervé, mère, nouvelles, prends soin de toi, regarder rapidement, SMS, très bien

vénère :	deg :
nickel :	jeter un coup d'œil :
chelou :	saouler quelqu'un :
la daronne :	news :
la thune :	take care :
se grouiller :	le texto :

110

③ **From the information found in the email, write a complaint letter to the store (you will ask for a replacement or refund of the computer). You will use your personal address and the address of the store (Fnac, 136 rue de Rennes, 75006 PARIS)**

À partir des informations du courriel, écrivez une lettre de réclamation au magasin (vous demandez un remplacement ou un remboursement de l'ordinateur). Vous utiliserez votre adresse et l'adresse du magasin (Fnac, 136 rue de Rennes, 75006 PARIS[1])

Exemple de modèle à suivre :

Prénom Nom (vous)
Adresse
Code Postal
Ville
Numéro de téléphone

> *Prénom Nom / Société (destinataire)*
> *Adresse*
> *Code Postal*
> *Ville*

> *Le (date)*

OBJET : Demande de prise en charge d'un ordinateur défectueux sous garantie

Courrier envoyé en recommandé avec avis de réception.

Madame, Monsieur,

Suite à ma commande référence XXXX datée du XX/XX/XX, l'appareil acheté est tombé en panne ce jour.

Voici le détail de la panne rencontrée : XXX

Je précise que ce matériel n'est jamais tombé et n'a jamais subi le moindre dommage.

Merci de m'indiquer au plus vite la procédure de retour et d'échange (ou de remboursement le cas échéant) auprès de votre service.

Restant dans l'attente de votre réponse rapide,

Cordialement,

> *Prénom Nom*
> *Signature*

P.J.[2] : *(liste des pièces jointes : facture...)*

---

[1] The last two digits of the postal code generally indicate the district (in case the city has some). 75006 therefore corresponds to the 6th *arrondissement* of Paris. The city is preferably written in capital letters.
[2] P.J. = Pièce jointe (*attached document*)

Votre
adresse

Adresse du
magasin

Lieu et date

Objet

Corps
du texte

Prénom, nom et
signature

④ **To have proof that the letter has been received by the store, you send a registered letter with "AR" (acknowledgement of receipt). Fill in the form.**

Pour avoir une preuve que la lettre a bien été reçue par le magasin, vous envoyez une lettre recommandée avec AR (accusé de réception / avis de réception). Remplissez le bordereau.

If you wish to send a letter by registered mail, you must complete this form, then give your letter with the form to a postal employee (after paying for postage on a machine). The postal worker will stick the slip behind the letter and sen dit.

After a few days, you will receive an acknowledgement of receipt (a grey paper) at your home.

Registered letter (followed) without acknowledgement of receipt, less than 20 g: 4.18 €.

Registered letter (followed) with acknowledgement of receipt, less than 20 g: 6.05 €.

> **Word list (*Liste des mots*)** : argent, bizarre, dégoûté, se dépêcher, embêter, énervé, mère, nouvelles, prends soin de toi, regarder rapidement, SMS, très bien

vénère : énervé

« *vénère* » is a colloquial word often used by young people. It doesn't come from the verb « *vénérer* » (to worship) but from the adjective « *énervé* » written in « **verlan** ».

- What is « *le verlan* »?

⇨ The « *verlan* » is a form of French slang, which consists of an inversion of syllables.

   ○ *Laisse tomber (ton-bé)* = **laisse bé-ton** (meaning "let it go", "forget it").
   ○ *La cité* = **la té-ci** (here, it means a rough district of a city).

⇨ In the present case, we have taken the word « **éner-vé** » and reversed the syllables: « **vé-ner** ».

ⓘ Only certain words can be written in « *verlan* ». You cannot choose a random word and deliberately transform it through « *verlan* » then expect to be understood!

---

nickel : très bien

We can also say: *super, top, excellent, impeccable (impec')*…

Basically, "nickel" is a metal. As an adjective, "nickel" means "impeccable, clean".

Example: « ***J'ai fait le ménage, tout est nickel !*** » (= impeccable, propre) [I cleaned up, everything is "nickel"!]

It is used in everyday language to say that something is very good.

Example: « – *Qu'est-ce que tu penses de ma lettre de motivation ? – Elle est nickel !* »

"– What do you think of my cover letter? – She's "*nickel*"!"

(Note: the adjective "*nickel*" is **invariable**: it is not agreed with the noun)

---

chelou : bizarre

« *Chelou* » is a colloquial word coming from the adjective « *louche* » (fishy, shady). It is, again, written in « *verlan* ».

Someone or something « *louche* » or « *chelou* » means someone or something strange, fishy.

---

la daronne : la mère

« *Daronne* » is a colloquial word (slang) for "mother". We can also say « *daron* » for the father.

---

la thune : l'argent

A slang word for money.

Example: « *Je n'ai plus une thune* », « *Tu as de la thune ?* », « *Il a pas mal de thune* », « *Il est pété de thune* » (= he has got a lot of money).

In French, there are several words for "money": *les **sous**, le **fric**, le **blé**…* Less common: *le **flouze**, les **pépètes**…*

---

se grouiller : se dépêcher (to hurry up, to hasten)

It is a colloquial verb, quite often used.

« *Grouille-toi !* » = « *Dépêche-toi !* ».

We can also say, though less used: « *magne-toi !* » (colloquial as well).

deg : dégoûté (disgusted, put off)
« *deg* » is a contraction of « *dégoûté* ». The letter "g" is pronounced.

jeter un coup d'œil : regarder rapidement (take a quick look)
« Jeter un coup d'œil » is a commonly used expression.
« *J'ai jeté un coup d'œil* », « *Tu peux jeter un coup d'œil ?* »

saouler quelqu'un *: énerver quelqu'un* (to annoy someone)
« *Saouler* » originally means reach an altered psychological state caused by alcohol, getting drunk.
(*we don't pronounce the "a" of* « *saouler* »*. Other spelling:* « *soûler* »)
Today, this verb is often colloquially used in the sense of "annoy", "irritate" (« *énerver* », « *agacer* »).
Examples: « *Il me saoule !* » « *Il me saoûle trop ! / Il me saoûle grave !* » (very colloquial, it means
« *Il me saoule beaucoup* »,).
We can also say: « *Il est saoulant !* » « *T'es saoulante parfois !* ».
« *Il me saoule* » can be replaced by « *Il me gonfle* » (colloquial, litt. He's bloating me).

news : nouvelles
It is an English word used in French (Anglicism; « un anglicisme »).
« *Tu as des news de Claudia ?* » (= *tu sais ce que Claudia devient ?*)
« *Il ne m'a pas donné de news* »

take care : prends soin de toi
We sometimes (rarely, though) use the English expression in French.
In proper French, we would say: « *prends soin de toi* » or « *prenez soin de vous* ».

le texto : le SMS (= Short Message Service)
It's a short message sent by phone.
« *Elle m'a envoyé un texto hier* ».
The words "SMS" and "texto(s)" are interchangeable.

Example of a letter:

Jacques Dupont
4 rue du Four
75006 PARIS
07 00 00 00 00

Fnac
136 rue de Rennes
75006 PARIS

PARIS, le 13 septembre 2019

<u>Objet</u> : Ordinateur (sous garantie) hors service sans raison apparente.

Courrier recommandé avec AR.

Madame, Monsieur,

J'ai acheté dans votre magasin, le 20 août dernier, un ordinateur HP, référence HP14121988, pour un montant de 399,99 €.

La machine fonctionnait bien jusqu'au 10 septembre dernier. L'ordinateur a alors, sans raison apparente, fait un bruit étrange et s'est éteint. J'ai essayé de le rallumer plusieurs fois mais il n'a pas redémarré.

J'aimerais obtenir un remplacement de l'ordinateur ou bien un remboursement, sachant que l'appareil est toujours sous garantie.

Je me tiens à votre disposition pour tout renseignement complémentaire.

Dans l'attente,

Je vous prie d'agréer, Madame, Monsieur, l'expression de mes sentiments distingués.

Jacques Dupont

P.J. : copie de la facture du 20 août 2019.

④ **Lettre recommandée**

RECOMMANDÉ AVEC AVIS DE RÉCEPTION

PREUVE DE DISTRIBUTION

Numéro de l'envoi : **1A 090 997 0252 9**

Référence client

Expéditeur

Identité ou raison sociale

Jacques Dupont

Expéditeur

N°: **4**   *rue du Four*

Libellé de la voie

Code postal : **7 5 0 0 6**   *PARIS*

COMMUNE

Utiliser uniquement un STYLO A BILLE en appuyant fortement.

Pensez également à la **Lettre recommandée en ligne.**

Consultez www.laposte.fr/boutiqueducourrier

Destinataire

Identité ou raison sociale

Fnac

Adresse

136 rue de Rennes

Commune

PARIS

Code postal : **7 5 0 0 6**

Présenté / Avisé le :

Distribué le :

Je soussigné déclare être   ☐ CNI/Permis de conduire
☐ le destinataire ☐ le mandataire   ☐ Autre ....

Signature
(Préciser Nom et Prénom
si mandataire)

Signature
Facteur*

SGR2 V19 - PTC 7F - 2014429670S - 06/13

Niveau de garantie (valeur au dos) :   R1 ☐   R2 ☐   R3 ☐

Prix :   CRBT :

Date :

*Le facteur atteste par sa signature que l'identité du destinataire ou de son mandataire a été vérifiée précédemment.
La Poste S.A. au capital de 3 600 000 000 €, RCS Paris 356 000 000, 44 boulevard de Vaugirard 75757 Paris CEDEX 15

Cadres réservés à La Poste

LA POSTE

THEME: *"LET'S CORRECT OUR MISTAKES!"* (« *CORRIGEONS NOS ERREURS !* »)

LESSON: *"SOME MISTAKES TO AVOID"* (« *QUELQUES ERREURS A NE PAS FAIRE* »)

Non-French speakers sometimes make some mistakes in speaking and writing. Some of them are easily avoidable. Here are some examples:

- **1ˢᵗ mistake**: Not leaving a space between the last word and the following punctuation marks:

!   ?   :   ;

Indeed, we leave a space in the French language, unlike English, German, Spanish...

- o *Example*: we write « *j'ai faim !* » and not « *j'ai faim!* »

- o *Other examples*: « *Tu viens à la maison ce soir ?* » « *Je suis fatigué ; je crois que je ne viendrai pas au cinéma ce soir* ». « *Voilà Rex : c'est mon chien* ».

- **2ⁿᵈ mistake**: Many people (and even French speakers) put capital letters here and there, when it is not necessary to put them.

- o Unlike English, we do not capitalize the days of the week: le **l**undi, le **m**ardi, le **m**ercredi, etc.

- o We do not capitalize the months of the year: **j**anvier, **f**évrier, **m**ars…

- o Adjectives of **nationality** are not capitalized:

  - o We would write, for instance: « *un plat **f**rançais* », « *un ami **a**nglais* », « *le rêve **a**méricain* ».

  - o On the other hand, if you use the **name** to talk about the national, you capitalize: « *C'est une **A**llemande* », « *Voilà un gentil **F**rançais* »…

- **3ʳᵈ mistake**: we write "etc." to mean "and so on" ("etc." – et cetera – means "and other things" in Latin).

"etc…" with suspension points is incorrect, and "ect." is even more incorrect.

- **4ᵗʰ mistake**: « ^ » is called an "***accent circonflexe***" (don't pronounce the "t" of « *accent* », nor the last "e" of « *circonflexe* »). The « ^ » is not a « *chapeau* »!

- **5ᵗʰ mistake**: it concerns the weather. When temperatures are high, we do not say « *C'est chaud* » but rather « ***Il fait chaud*** » [litt. It does hot]. When we say « *C'est chaud* », it means that a thing is hot (example: « *Attention au café ! C'est chaud !* » - "Beware of the coffee! It's hot!"). It also means, figuratively and colloquially, "*it's serious*", "*it's incredible*", and has a negative connotation (example: « *Elle est tombée de l'escalier ce matin et s'est cassé la jambe ! – Ah bon ?! C'est chaud… !* », "– She fell down the stairs this morning and broke her leg! – Oh, really?! It's *hot*...!")

PROOFREADING: "SENTENCE CORRECTION"

Correct the following sentences (*This exercise is based on real mistakes made by learners during an exam*).

1) J'aime manger le fromage de chèvre.

_____

2) Salut bijou, comme tu va ? Pour moi je vais très bien.

_____

3) Tu sais comment j'ai passé ma vacance ?

_____

4) Nous sommes bien amusés laba.

_____

5) J'aime bien ce pays parce-que ils parlent anglais.

_____

6) Les enfants sont bien profité les vacances.

_____

7) Les enfants sont beaucoup nager. Ils sont fait du ski aussi.

_____

_____

8) Salut j'èsper que tu va bein.

_____

9) Pour tu répondre à ta questions, …

_____

10) Ici on payer beaucoup des téx. Souvent ses trop même.

_____

_____

11) Je te consaie de venire ici.

_____

12) à très bientont mon ami.

_____

13) Si tu veux changer de l'aire, pars à la vacance.

_____

14) La France, cette une belle pays.

15) Je ferais tout mes possibles pour vous aider.

16) Ça mes faire plaisir.

17) Vous pouvez trouve rapide un travaillé dans le endroit touristic comme l'aeuroport.

18) Comme dire le français, un ne peux pas faire une omellette sans cacher des œufs.

19) Ça serai plaisir de te voir.

20) jespère tu prends le bon décision pour toi-même.

21) Vous etes peux rester ici en France.

22) Il y a des assouciation qui aides des jeunes.

23) Il donne a mangé gratuie.

24) Je n'ai vous cache pas que la vie ici est cher.

25) J'espère que vous n'aurez jamais déçu.

26) Il y a beaucoup des endroits pour se promener.

27) Je vous encourage de vinir ça vous aide du comprend bien la différence entre les deux pays.

28) En France c'est pas facile de trouve en logement, par fois ça prend beaucoup du temps.

29) Tu peux aussi allé à Disney.

30) J'ai choisi de m'instalée ici. J'espère que je progresserais en français.

31) C'est bien que tu veux prendre cette décision.

32) La vie un peu chère par rapport Italie.

33) Je suis contente que j'ai pris cette décision.

34) Pour moi, ma situation est stable et j'ai gagne mieux que avant.

35) J'ai pris d'expérience.

36) Les associations aides des jeunes et donne a mangé gratuie.

37) C'est bien de prendre une risque par fois.

38) Je vous encourage de vinir à la France.

39) Ça vous aidera du comprend bien la difference entre les deux pays.

40) Les possibilitiés de travail sont nombreuses, surtout à l'île de france.

41) Je te conseiller à venir ici, tu ne regretter pas.

ANSWERS: *"SENTENCE CORRECTION"*

1) J'aime manger le fromage de chèvre.
J'aime manger **du** fromage de chèvre

2) Salut bijou, comme tu va ? Pour moi je vais très bien.
Salut **mon amie**[1], comment tu va**s** ? Moi, je vais très bien / De mon côté, ça va très bien

3) Tu sais comment j'ai passé ma vacance ?
Tu sais comment j'ai passé **mes vacances** ? / *Mieux :* Tu sais comment se sont passées mes vacances ?

4) Nous sommes bien amusés laba.
Nous sommes bien amusés **là-bas**.

5) J'aime bien ce pays parce-que ils parlent anglais.
J'aime bien ce pays parce qu'ils **y** parlent anglais.
Mieux : J'aime bien ce pays **parce qu'on y** parle anglais. / J'aime bien ce pays **car on y** parle anglais.

6) Les enfants sont bien profité les vacances.
Les enfants **ont** bien profité **des** vacances.

7) Les enfants sont beaucoup nager. Ils sont fait du ski aussi.
Les enfants **ont** beaucoup **nagé** (*ici, c'est du passé composé : le participe passé « nagé » prend donc un accent aigu*)
Ils **ont** fait du ski aussi.

8) Salut j'èsper que tu va bein.
Salut, j'**espère** que tu va**s** b**i**en.

9) Pour tu répondre à ta questions, …
Pour répondre à ta question, …

10) Ici on payer beaucoup des téx. Souvent ses trop même.
Ici, on **paye** beaucoup de **taxes** (*on dirait plutôt « impôts » que « taxes »*).
Souvent **c'est** trop même (*à éviter à l'écrit : « c'est trop même » est plutôt du langage parlé*).

11) Je te consaie de venire ici.
Je te **conseille** de venir ici.

12) à très bientont mon ami.
À très bientôt mon ami.

13) Si tu veux changer de l'aire, pars à la vacance.
Si tu veux changer **d'air**, pars **en vacances** (*l'expression « changer d'air » veut dire changer d'ambiance, de cadre, afin de pouvoir se détendre*).

14) La France, cette une belle pays.
La France, c'est un **beau pays**.

15) Je ferais tout mes possibles pour vous aider.
Je ferai **tout mon possible** pour vous aider (*c'est du futur ici, et non pas du conditionnel, on écrit donc « ferai » sans « s »*).

16) Ça mes faire plaisir.
*Ça **me fait** plaisir.*

---

[1] You don't call your friend « *bijou* » (jewel) - it's more like a name you give to a pet, especially a dog!

17) Vous pouvez trouve rapide un travaillé dans le endroit touristic comme l'aeuroport.
Vous pouvez trouver rapidement un travail dans le **domaine** touristique comme à l'**aé**roport.

18) Comme dire le français, un ne peux pas faire une omellette sans cacher des œufs.
Comme diraient les Français, on ne peut pas faire d'omelette sans casser des œufs (*l'expression « on ne ne peut pas faire d'omelette sans casser des œufs » signifie qu'on ne peut pas atteindre un grand résultat si on ne fait pas des sacrifices*).

19) Ça serai plaisir de te voir.
Ce serait un plaisir de te voir / Ça **me ferait** *plaisir de te voir.*

20) jespère tu prends le bon décision pour toi-même.
J'espère que tu prend**ras** **la** bon**ne** décision pour toi-même.

21) Vous etes peux rester ici en France.
Vous pouvez rester ici en France.

22) Il y a des assouciation qui aides des jeunes.
Il y a des association**s** qui aide**nt** **l**es jeunes (*on écrira « les » jeunes car ce sont les jeunes en général, pas seulement quelques jeunes*).

23) Il donne a mangé gratuie.
Ils donne**nt** **à** mang**er** gratui**tement**.

24) Je n'ai vous cache pas que la vie ici est cher.
Je **ne** vous cache pas que la vie ici est ch**è**re (*on pourrait remplacer « je ne vous cache pas » par « je vous avoue »*).

25) J'espère que vous n'aurez jamais déçu.
J'espère que vous **ne serez** jamais déçu(e).

26) Il y a beaucoup des endroits pour se promener.
Il y a beaucoup d'endroits pour se promener.

27) Je vous encourage de vinir ça vous aide du comprend bien la différence entre les deux pays.
Je vous encourage **à** v**e**nir, ça vous aide**ra** **à bien** comprend**re** la différence entre les deux pays.

28) En France c'est pas facile de trouve en logement, par fois ça prend beaucoup du temps.
En France, ce **n**'est pas facile de trouve**r** un logement, **parfois** ça prend beaucoup **de** temps (*à l'écrit, il ne faut pas oublier la négation, ici le « n' »*).

29) Tu peux aussi allé à Disney.
Tu peux aussi all**er** à Disney.

30) J'ai choisi de m'instalée ici. J'espère que je progresserais en français.
J'ai choisi de m'insta**ller** ici. J'espère que je progresserai en français.

31) C'est bien que tu veux prendre cette décision.
C'est bien que tu **veuilles** prendre cette décision (*ici, on utilise le présent du subjonctif et non pas le présent de l'indicatif : « c'est bien que + verbe au subjonctif »*).

32) La vie un peu chère par rapport Italie.
La vie est un peu chère par rapport **à l'**Italie.

33) Je suis contente que j'ai pris cette décision.
Je suis contente **d'avoir pris** cette décision.

34) Pour moi, ma situation est stable et j'ai gagne mieux que avant.
En ce qui me concerne / Me concernant / De mon côté, …
… ma situation (*mieux :* **la** situation) est stable et **je gagne** mieux **qu'**avant.

35) J'ai pris d'expérience.

J'ai pris **de l'**expérience / J'ai **gagné en** expérience.

36) Les associations aides des jeunes et donne a mangé gratuie.

Les associations aid**ent les** jeunes et donn**ent** à mang**er** gratui**tement**.

37) C'est bien de prendre une risque par fois.

On dirait plutôt : C'est bien de prendre **des risques** parfois.

38) Je vous encourage de vinir à la France.

Je vous encourage **à** venir **en** France (*on ne dit pas : encourager de mais encourager à*).

39) Ça vous aidera du comprend bien la difference entre les deux pays.

Ça vous aidera **à bien** comprend**re** la diff**é**rence entre les deux pays (*on dit : ça aide à…*).

40) Les possibilitiés de travail sont nombreuses, surtout à l'île de france.

Les possibili**tés** de travail sont nombreuses, surtout **en Î**le-de-**France**.

41) Je te conseiller à venir ici, tu ne regretter pas.

Je te conseille **de** venir ici, tu ne **le** regretter**as** pas.

PROOFREADING: "SENTENCE CORRECTION – CORRECT THE MISTAKES MADE BY ENGLISH SPEAKERS! "

Correct the following sentences (*This exercise is based on real mistakes made by English-speaking learners*)

1) Je pense de faire … / Je pense d'aller à …

_____

2) J'aimerais prêter un peu d'argent à mon beau-frère. Qu'est-ce que tu penses ?

_____

_____

3) Je veux étudier chimie.

_____

4) J'ai le mal de mer, c'est pour ça je n'aime pas voyager en bateau.

_____

_____

5) Il est resté pour six ans en France.

_____

_____

6) L'ascenseur s'arrête sur tous les étages.

_____

7) Il y a plein des arbres.

_____

8) Je joue le foot toujours.

_____

9) Je joue au foot beaucoup.

_____

10) Notre cousin nous a visité.

_____

11) Mes voisins sont mon âge.

_____

12) Je fais du sport toutes les jours.

_____

13) Pas beaucoup de gens trient leurs déchets.

_____

14) Londres est bien connue d'être accueillante.

_____

15) C'est plus bien de manger des fruits et des légumes.

_____

16) Il faut qu'on fait des efforts.

_____

17) Il y a des poubelles certaines pour le papier

_____

18) Il a fait sûr qu'on mange bien.

_____

19) J'ai parti en vacances.

_____

---

1) Je pense ~~de~~ faire... / Je pense ~~d'~~aller à …

- ***PENSER À** + verbe à l'infinitif* = *REFLECHIR À…, AVOIR À L'ESPRIT…*

To keep something in mind, to think of doing something.

Exemple : « *Je **pense à** partir en vacances* » (= « *je réfléchis à partir en vacances* »)

« *Je **pense à** déménager* » (= « *je réfléchis à l'idée de déménager* »)

« *Je **pense à** démissionner et chercher un autre travail* » (= « *je réfléchis au fait de donner ma démission et d'aller chercher un autre travail* » ⇒ *It's an idea, I haven't taken any decision yet*).

- **PENSER** + *verbe à l'infinitif* : AVOIR LE PROJET DE…

To have the project, the intention of doing something.

Exemple : « *Je pense aller en Allemagne cet été* » = j'ai le projet de partir en Allemagne cet été.

« *Je pense quitter le travail à 17h ce soir* » = j'ai l'intention de partir du travail à 17h ce soir.

- **PENSER DE** …

One can use the verb « penser de… » in a question, but it's only to ask for an opinion.

Exemple : « *– Qu'est-ce que tu **penses de** Matthieu ? – Hmm, je trouve qu'il n'est pas très sympa.* »

« *– **Que penses-tu de** manger japonais ce soir ? – Ouais, pourquoi pas, j'ai une envie de sushis !* »

---

2) J'aimerais prêter un peu d'argent à mon beau-frère. Qu'est-ce que tu en penses ?

Here, the second sentence refers to the information in the first sentence. That's why we add « ***en*** » (the « *en* » refers to lending money to the brother-in-law).

Still, you can say: « *Qu'est-ce que tu penses de ça ?* » or « *Qu'est-ce que tu penses de cela ?* » (what do you think of this?).

---

3) Je veux étudier la chimie

The **article** must be added before the name (unlike English: "*I want to study chemistry*"). This applies to other school subjets: « *Je veux étudier **le** français* », « *Je veux étudier **l'**anglais[1]* », « *Je veux étudier **la** littérature* »…

---

4) J'ai le mal de mer, c'est pour ça que je n'aime pas voyager en bateau.

Do not forget the word « **que** », which must be added unlike English ("*That's why I…*")

---

5) Il est resté six ans en France / Il est resté pendant six ans en France

We would say: « *Il est resté ici **pendant** trois mois* » or, in a simpler manner, « *Il est resté ici trois mois* ». We don't say « *pour* » ("*for*", in English)

---

6) L'ascenseur s'arrête à tous les étages.

---

[1] We don't say « *le anglais* » in order to avoid a « hiatus » (when two vowels are side by side). We therefore transform into « *l'anglais* », removing the "e".

7) Il y a plein **d'arbres**.

8) Je joue **toujours** au foot.

9) Je joue **beaucoup** au foot.

10) Notre cousin nous **a rendu visite**.

11) Mes voisins **ont** mon âge

As for the age, we use the verb « **avoir** » and not « *être* » (unlike English and German). Thus, we say: « *J'ai 20 ans* », « *Tu as mon âge* », « *Il a cinq ans* ».

12) Je fais du sport **tous** les jours

We can also say: « *Je fais du sport chaque jour.* »

13) **Peu** de gens trient leurs déchets.

We don't use the words « *pas beaucoup* » at the beginning of a sentence. We would rather use « *peu de…* ».
Be aware that we can say: « **Il n'y a** pas beaucoup de gens **qui** trient leurs déchets ».

14) Londres est bien connue **pour** être accueillante.

15) C'est **mieux** de manger des fruits et des légumes.

We never say: « *plus bien* » (just like we don't say "*more good*").

16) Il faut qu'on **fasse** des efforts.

« *Il faut que* » is followed by the **subjunctive "mood"**, a specific verb form.

17) Il y a **certaines** poubelles pour le papier / Il y a des poubelles **spéciales** pour le papier.

18) Il **s'est assuré** qu'on mange bien / Il **a fait** en sorte qu'on mange bien.

"*To make sure that…*" would be translated by « *s'assurer que…* » or « *faire en sorte que…* ».
« *Faire sûr que* » is **incorrect**.

19) Je **suis** parti en vacances.

REWRITING: *"CORRECTING SOME WORDS"*

Rewriting: Correct the mistakes in the words/phrases

Le peyi

ilya

sa va

Le lais de vache

On a fer le spor

bocou

manifique

genti

a bien tôt

pas exemble

Le peyi	le pays
ilya	il y a
sa va	ça va
Le lais de vache	Le lait de vache
On a fer le spor	On a fait du sport
bocou	beaucoup
manifique	magnifique
genti	gentil
a bien tôt	à bientôt
pas exemble	par exemple

COMPREHENSION: "TYPICAL FRENCH EXPRESSIONS"

Lesson: Here are some commonly used expressions in French.

- « **Jeter l'argent par la fenêtre** » [Litt. to throw money out of the window](*more familiar:* « *balancer l'argent par la fenêtre* »): it means to **waste money**.

- « **Avoir les yeux plus gros que le ventre** » [Litt. To have the eyes bigger than the belly]: it means to think too big, to overestimate oneself, or to exaggerate one's abilities. It can also refer to food (one thinks he can eat a large dish, but he won't be able to because he has too little appetite).
*Example: « Il s'est inscrit à trois formations et il travaille en même temps. Il pense pouvoir y arriver mais **il a les yeux plus gros que le ventre** : il ne pourra pas y arriver. »*

- « **Mettre du beurre dans les épinards** » [Litt. To put butter in the spinach]: Improve one's financial situation, income.
Example: « *Je fais des heures supplémentaires au travail parfois, ça me permet de mettre du beurre dans les épinards.* »

- « **Ne pas être dans son assiette** » [Litt. To not be in one's plate]: it means not being in a good shape or even being sick.
Example: « *Tu n'es pas dans ton assiette aujourd'hui.* »

- « **Casser les pieds** » [Litt. To break the feet]: to annoy.
Example: « *Tu me casses les pieds[1], vraiment !* »

- « **Tourner autour du pot** » [Litt. To turn around the pot]: hesitating to say what should be said; not speaking frankly.

- « **Poser un lapin à quelqu'un** » [Litt. To put down a rabbit to someone]: to not come to an appointment or meeting without even warning, although the meeting had been previously planned.
Example: « *On s'était fixé rendez-vous à 14h mais elle n'est jamais venue : elle m'a posé un gros lapin !* ».

- « **C'est la cerise sur le gâteau** » [Litt. It's the cherry on the cake]: equivalent to the expression "*it's the icing on the cake*". It is often used ironically.
« *Il me doit de l'argent et en plus il me traite de radin[2] ! C'est la cerise sur le gâteau !* »

---

[1] We can also say: « *tu me gonfles !* » [Litt. You're inflating me] (familiar)
[2] Un **radin** est quelqu'un qui ne partage pas, qui est égoïste.

Exercise: Complete the sentences with one of the expressions aforementioned. Adapt according to the person and the time.

1) Mon mari achète une nouvelle voiture chaque année. Ça revient cher !

Je trouve qu'il _____ .

2) Tu as vu Clément ? Il a l'air pâle.

J'ai l'impression qu'il _____ .

3) Elle a commandé un menu XXL mais elle a mangé à peine la moitié !

Elle _____ .

4) Après des semaines de recherche, j'ai décroché un stage et en plus je serai très bien payé ! c'est

la _____ .

5) Le voisin écoute de la musique à fond toute la journée !

Il _____ .

6) – Maman, tu vois, hier, j'étais avec Paul, tu sais, le voisin… et puis on est sortis dehors… et en fait, j'avais mon ballon avec moi, et…

– … Arrête de _____ ! Qu'est-ce qu'il s'est passé ?

7) Ma femme travaille en ce moment, ça _____

_____ : on respire mieux financièrement parlant[1].

8) On devait se voir devant le cinéma à 17h ! J'espère qu'il ne _____

_____ !

---

[1] « financièrement parlant » = « au niveau financier » = "financially speaking"

1) Mon mari achète une nouvelle voiture chaque année. Ça revient cher ! Je trouve qu'il **jette de l'argent par la fenêtre**.

2) Tu as vu Clément ? Il a l'air pâle. J'ai l'impression qu'il **n'est pas dans son assiette**.

3) Elle a commandé un menu XXL mais elle a mangé à peine la moitié ! Elle **a eu les yeux plus gros que le ventre**.

4) Après des semaines de recherche, j'ai décroché un stage et en plus je serai très bien payé ! c'est la **cerise sur le gâteau**.

5) Le voisin écoute de la musique à fond toute la journée ! Il **me casse les pieds** !
(on peut dire aussi : « il me casse vraiment les pieds »)

6) – Maman, tu vois, hier, j'étais avec Paul, tu sais, le voisin… et puis on est sortis dehors… et en fait, j'avais mon ballon avec moi, et…

- … Arrête de **tourner autour du pot** ! Qu'est-ce qu'il s'est passé ?

7) Ma femme travaille en ce moment, ça **met du beurre dans les épinards** : on respire mieux financièrement parlant.

8) On devait se voir devant le cinéma à 17h ! J'espère qu'il **ne m'a pas posé un lapin** !

Exercise: What would you recommend to these people?

J'ai froid !

Tu devrais te couvrir.
Tu devrais mettre un pull.
Tu devrais t'habiller plus chaudement.

J'ai mal aux dents !

Je suis fatigué !

Je suis triste…

J'ai mal au ventre…

J'ai mal à la tête…

Je voudrais maigrir.

J'ai faim !

J'ai soif !

Je veux réussir mes examens !

Je voudrais trouver du travail.

ANSWERS: "ADVICES"

J'ai froid !	Tu devrais te couvrir.
	Tu devrais mettre un pull.
	Tu devrais t'habiller plus chaudement.
J'ai mal aux dents !	*Tu devrais aller chez le dentiste.*
	Tu devrais prendre rendez-vous chez le dentiste.
	Prends un anti-douleur en attendant.
Je suis fatigué !	*Tu devrais faire une sieste.*
	Tu devrais aller te coucher / Tu devrais aller dormir.
	Va dormir un peu.
Je suis triste…	*Va marcher un peu dehors ! Ça te fera du bien !*
	Tu devrais sortir avec des amis.
	Appelle un(e) bon(ne) ami(e) !
	Fais quelque chose qui t'amuse !
	Tu peux me parler de tes problèmes, je peux t'aider.
J'ai mal au ventre…	*Tu devrais aller chez le médecin.*
	Tu devrais manger plus sainement.
	Tu devrais arrêter de manger du fast food / de la junk food.
J'ai mal à la tête…	*Tu devrais consulter.*
	Tu devrais prendre un anti-douleurs (Doliprane par exemple) / prends un comprimé
Je voudrais maigrir.	*Tu devrais mieux manger.*
	Prends rendez-vous avec un nutritionniste / avec un diététicien.
	Arrête de boire des sodas ! Mange moins de sucre !
J'ai faim !	*Tu devrais commander à manger !*
	On va au restaurant ? / Qu'est-ce que tu veux manger ?
J'ai soif !	*Va prendre un peu d'eau !*
	Qu'est-ce que tu veux boire ?
	Tu veux que je te serve quelque chose ?
Je veux réussir mes examens !	*Travaille dur ! Révise à fond !*
	Va étudier à la bibliothèque !
Je voudrais trouver du travail.	*Va à Pôle Emploi.*
	Recherche des annonces sur internet / Postule à des annonces sur internet.
	Envoie des CV aux commerçants autour de chez toi !

COMPREHENSION: "*WHICH PHONE PACKAGE WILL I CHOOSE?*"
(« *JE PRENDS QUEL FORFAIT ?* »)

*In this text, we will focus in particular on the "**imparfait**", one of the main tenses of the past tense.*

① **Exercise: Read the following text.**

Une fille et sa grand-mère parlent des débuts du téléphone portable.

– *Grand-mère* : Tu sais, ma petite, avant, les téléphones portables coûtaient très cher !

Et ils n'étaient pas pratiques du tout, au départ. Ils étaient lourds et encombrants.

– *Fille* : C'est vrai, mamie ? mais les forfaits téléphoniques ne coûtaient pas cher, eux, pas vrai ?

– Oh, détrompe-toi ! Ça coûtait les yeux de la tête ! Un forfait de 2 heures par mois valait aux alentours de 30 € par mois ! Ce n'est pas rien !

– Eh ben ! C'est vrai que c'est pas donné !

– Ça c'est sûr ! Mais tout a changé lorsque l'opérateur Free est arrivé. Il a cassé les prix ! Les autres grands opérateurs, Orange et SFR, ont été forcés de s'aligner et ont dû baisser leurs prix.

– Hmm d'accord… C'était quand, ça ?

– En 2012 ! Je m'en souviens encore. On n'avait pas encore les supers smartphones qui existent aujourd'hui ! Le téléphone ne servait encore qu'à téléphoner et à s'envoyer des messages !

– Ah ah ! Oui, je vois ! Aujourd'hui, ça a bien changé ! On joue avec le téléphone, on va sur les réseaux sociaux, on prend des photos, on regarde des vidéos… bref, tout plein de choses !

– Eh oui ! Mais il ne faut pas être trop absorbé par ces machines très chronophages !

– Oui, c'est clair… Moi, je passe trop de temps sur le téléphone…
D'ailleurs, tu sais combien de temps les Français passent sur leur téléphone chaque jour, en moyenne ?

– Non, dis-moi ?

– Les jeunes, presque trois heures par jour !

– Quoi ?! Mais c'est énorme !

– Oui, c'est fou.
Moi-même, j'y passe pas mal de temps…
J'essaye de diminuer mais j'ai du mal, le téléphone
c'est vraiment addictif !

– Fais comme moi ! Prends un vieux téléphone !

– Ah non ! Impossible de faire marche arrière !

① **Written comprehension**

a. Les forfaits téléphoniques d'avant étaient particulièrement onéreux.

❏ Vrai	❏ Faux	❏ On ne sait pas

b. La baisse des tarifs a été décidée en concertation parmi les grands groupes téléphoniques.

❏ Vrai	❏ Faux	❏ On ne sait pas

c. La fille pense qu'elle est raisonnable avec son téléphone.

❏ Vrai	❏ Faux	❏ On ne sait pas

d. Elle fait plein de choses sur son téléphone au moyen de son forfait illimité.

❏ Vrai	❏ Faux	❏ On ne sait pas

e. Elle est d'accord pour changer d'appareil afin de passer moins de temps dessus.

❏ Vrai	❏ Faux	❏ On ne sait pas

② **Put these sentences into the "imperfect" (*imparfait*) form.**

Example: « *Je mange du pain.* » ➪ « *Je **mangeais** du pain.* »

a. Un forfait téléphonique, ça coûte cher.

b. Les téléphones portables ne sont pas pratiques, pèsent lourd et coûtent cher.

c. Cet ordinateur ne vaut rien

d. Le téléphone ne sert pas qu'à téléphoner.

e. On reste deux heures par jour sur le téléphone.

f. Il essaye de changer ses habitudes.

g. Il veut faire marche arrière

h. Il prend du temps chaque jour pour appeler ses parents

③ **Choose the most profitable phone package. Justify your choice.**

1er choix (6,99 € par mois) :

Mon forfait

INCLUS
Appels illimités
SMS, MMS illimités
Internet 5 Go
Depuis l'Europe : +4 Go d'Internet, appels et SMS/MMS illimités

- **2ème choix :**

4G⁺

19 €99
/mois

Appels illimités / 3Go

Commander

Appels illimités France et DOM
SMS/MMS illimités
Internet 3Go
Appels illimités vers les fixes de 120 destinations

- **3ème choix :**

Forfait
20Go
APPELS/SMS/MMS ILLIMITÉS

9 €99*
/mois
sans engagement

À VIE !
J'EN PROFITE

OFFRE SOUMISE A CONDITIONS. *Réservée aux particuliers pour toute nouvelle souscription.

Quel est le forfait téléphonique le plus intéressant des trois ?

ANSWERS: *"WHICH PHONE PACKAGE WILL I CHOOSE?"*

① Written comprehension

a. Les forfaits téléphoniques d'avant étaient particulièrement onéreux.

❑ Vrai	C'est vrai : comparé à aujourd'hui, les forfaits téléphoniques étaient assez chers.

b. La baisse des tarifs a été décidée en concertation parmi les grands groupes téléphoniques.

❑ Faux	Non, c'est l'arrivée de Free qui a mis un coup de pied à la fourmillière, et qui a provoqué une brutale baisse des prix.

c. La fille pense qu'elle est raisonnable avec son téléphone.

❑ Faux	Non, elle estime qu'elle « *passe trop de temps sur le téléphone* ».

d. Elle fait plein de choses sur son téléphone au moyen de son forfait illimité.

❑ On ne sait pas	On ne sait pas quelle est la nature de son forfait téléphonique.

e. Elle est d'accord pour changer d'appareil afin de passer moins de temps dessus.

❑ Faux	Non : c'est impossible pour elle de « *faire marche arrière* ».

② Put these sentences into the "imperfect" (*imparfait*) form.

a. Un forfait téléphonique, ça coûte cher.
Un forfait téléphonique, ça coûtait cher.

b. Les téléphones portables ne sont pas pratiques, pèsent lourd et coûtent cher.
Les téléphones portables n'étaient pas pratiques, pesaient lourd et coûtaient cher.

c. Cet ordinateur ne vaut rien
Cet ordinateur ne valait rien.

d. Le téléphone ne sert pas qu'à téléphoner.
Le téléphone ne servait pas qu'à téléphoner.

e. On reste deux heures par jour sur le téléphone.
On restait deux heures par jour sur le téléphone.

f. Il essaye de changer ses habitudes.
Il essayait de changer ses habitudes.

g. Il veut faire marche arrière.
Il voulait faire marche arrière.

h. Il prend du temps chaque jour pour appeler ses parents
Il prenait du temps chaque jour pour appeler ses parents

③ Choose the most profitable phone package. Justify your choice.

This exercise may be a little complicated. The important thing is to realize that there are two possible solutions depending on the needs. In any case, the second option is definitely not the one to choose.

D'abord, le 2ème choix n'est pas du tout intéressant : le forfait est cher, et il y a peu de débit internet (3 Go). On peut hésiter entre le 1er choix ou le 3ème choix.

-   Si on ne va pas beaucoup sur internet, le 1er choix est le plus intéressant. En effet, le prix mensuel est moins élevé (6,99 €) même s'il y a moins d'internet (5 Go).

-   Si on a besoin de beaucoup de débit internet, par exemple si on regarde des vidéos ou on écoute de la musique, alors il vaut mieux prendre le 3ème choix : le prix est un peu plus élevé que le 1er choix (9,99 €) mais il y a 4 fois plus de données internet (20 Go au lieu de 5 Go).

AFTERWORD

Prior to becoming a teacher, I studied law; I have a master's degree (M1) in business law and two master's degrees (M2). In 2013, I passed the lawyer's degree (CAPA from the EFB Paris school).

Afterwards, I spent many years as a private teacher, and taught in different structures (middle school, high school, associations) as a French teacher, history teacher or foreign languages (German).

I have tried my best to put on paper all my experience through this book. I really hope it will benefit you and help you improve your French.

If you appreciated my work, I would be very grateful if you could give a positive opinion on the book. Thank you in advance. If you were not satisfied or would like a free access on my website *www.exercices-a-imprimer.com*, do not hesitate to send me your suggestions on my email: *contact@exercices-a-imprimer.com*.

I wish you a lot of success!

Frédéric Lippold

OTHER BOOKS FROM THE AUTHOR

- « *Fiche de lecture illustrée - Rhinocéros, d'Eugène Ionesco* »
- « *Fiche de lecture illustrée - Eldorado, de Laurent Gaudé* »
- « *Fiche de lecture illustrée - La Ferme des Animaux, de George Orwell* »
- « *Fiche de lecture illustrée - L'Etranger, d'Albert Camus* »
- « *Fiche de lecture illustrée - Candide, de Voltaire* »
- « *Fiche de lecture illustrée - Oh les beaux jours, de Samuel Beckett* »
- « *L'essentiel du livre : L'homme le plus riche de Babylone* »
- « *Comment réussir ses études : conseils et méthodes pour exceller après le bac* »

LEGAL MENTIONS

ISBN-13 : 978-1686638480

Legal deposit: August 2019.

Last modification: October 2021.

Printed in Great Britain
by Amazon